新型冠状病毒肺炎防控法律行动手册

刘春彦 主编

图书在版编目（CIP）数据

新型冠状病毒肺炎防控法律行动手册/刘春彦主编.—上海：同济大学出版社，2020.2
ISBN 978-7-5608-9136-1

Ⅰ.①新… Ⅱ.①刘… Ⅲ.①疫情管理-法律-中国-手册 Ⅳ.①D922.1-62

中国版本图书馆CIP数据核字（2020）第026537号

新型冠状病毒肺炎防控法律行动手册
刘春彦　主编

策 划 人　华春荣
责任编辑　翁　晗　张　莉
责任校对　罗　璇
封面设计　唐思雯

出版发行　同济大学出版社　www.tongjipress.com.cn
　　　　　（地址：上海市四平路1239号　邮编：200092　电话：021-65985622）
经　　销　全国各地新华书店、建筑书店、网络书店
排版制作　南京展望文化发展有限公司
印　　刷　浙江广育爱多印务有限公司
开　　本　889mm×1194mm　1/32
印　　张　7.25
字　　数　195 000
版　　次　2020年2月第1版　2020年2月第1次印刷
书　　号　ISBN 978-7-5608-9136-1
定　　价　36.00元

本书若有印装质量问题，请向本社发行部调换　　　版权所有　侵权必究

《新型冠状病毒肺炎防控法律行动手册》编委会

主　任
吴　弘

编　委
（按姓氏笔画为序）

邢会强　华春荣　刘　芳　刘春彦　许海霞　李　舒
吴为民　余　华　张国炎　陈　强　段存广

秘　书
高晓辉

主　审
吴　弘

主　编
刘春彦

编写人员
杨健宇　徐圣艳　王　涛　李新怡　陈　慧　沈　源

策划人
华春荣

编　辑
翁　晗　张　莉

序

在法治轨道上统筹推进各项防控工作 实现依法全面防控疫情

　　面对突然暴发的新型冠状病毒肺炎疫情，习近平总书记始终站在战疫的第一线。大年初一总书记主持召开中共中央政治局常务委员会，决定成立中央应对疫情工作领导小组，统一指挥、统一协调、统一调度疫情防控。2月3日在主持召开中央政治局常委会会议上明确指出，提高国家治理能力和水平。2月5日主持召开中央全面依法治国委员会第三次会议上强调，要在党中央集中统一领导下，始终把人民群众生命安全和身体健康放在第一位，从立法、执法、司法、守法各环节发力，全面提高依法防控依法治理能力，为疫情防控提供有力法治保障。疫情防控越是到最吃劲的时候，越要坚持依法防控，在法治轨道上统筹推进各项防控工作，保障疫情防控工作顺利开展。2月14日主持召开中央全面深化改革委员会第十二次会议上又强调，要强化公共卫生法治保障，全面加强和完善公共卫生领域相关法律法规建设，认真评估传染病防治法、野生动物保护法等法律法规的修改完善。要从保护人民健康、保障国家安全、维护国家长治久安的高度，

新型冠状病毒肺炎防控法律行动手册

把生物安全纳入国家安全体系，系统规划国家生物安全风险防控和治理体系建设，全面提高国家生物安全治理能力。要尽快推动出台生物安全法，加快构建国家生物安全法律法规体系、制度保障体系。

依法防治疫情是全面依法治国的重要体现。党的十八大以来，党中央把全面依法治国提升到"四个全面"战略布局的高度，以中央全会决议的形式就全面推进依法治国作出战略部署。防治疫情采取的各项措施方方面面，必须在法治轨道上统筹推进各项防控工作。

防控疫情、战胜疫情是对我国治理体系和能力的一次大考。党的十九大提出到本世纪中叶实现国家治理体系和治理能力现代化，党的十九届四中全会通过的《中共中央关于坚持和完善中国特色社会主义制度推进国家治理体系和治理能力现代化若干重大问题的决定》提出"坚持和完善中国特色社会主义制度、推进国家治理体系和治理能力现代化的总体目标。"通过防控疫情、战胜疫情，提升国家治理能力和治理体系现代化。

由同济大学出版社策划、同济大学刘春彦老师组织编写的《新型冠状病毒肺炎防控法律行动手册》是根据习总书记提出的"全面提高依法防控、依法治理能力，为疫情防控工作提供有力法治保障"指示精神编写的，全书围绕新型冠状病毒肺炎防控密切相关的100个问题，针对性地给出解答的法律根据，对读者共同参加疫情防控提供了法律行动指引。希望本书的出版能够为全面战胜疫情提供依法防控的借鉴。

序

中国法学会卫生法学研究会、湖北省法学会卫生法学研究会也参与其中,希望能够为读者依法防控疫情做出自己的贡献。

中国法学会卫生法学研究会副会长
湖北省法学会卫生法学研究会会长
万红慧教授
2020年2月18日

目录

序 / 1

绪论 全面提高依法防控依法治理能力 为疫情防控提供有力法治保障

（一）党中央高度重视疫情防控，统一指挥、统一协调、统一调度 / 2

（二）抗击疫情是对我国治理体系和治理能力现代化的一次大考 / 3

（三）依法防治疫情是全面依法治国的重要体现 / 5

（四）落实总书记指示，为依法科学有序防控做好服务 / 10

一、政府及其部门的依法防控举措

001　防控新冠肺炎疫情党和国家建立的工作机制有哪些？ / 14

002　我国应对突发公共卫生事件和传染病防控的总体制度是什么？ / 16

新型冠状病毒肺炎防控法律行动手册

003 新冠肺炎属于我国《传染病防治法》规定的哪一类传染病？/ 18

004 什么是对传染病的"乙类甲管"？ / 20

005 突发公共卫生事件的确定标准是什么？ / 21

006 突发公共卫生事件时负责处置的单位如何确定？ / 23

007 突发公共卫生事件应急预案应当如何启动？ / 25

008 "突发公共卫生事件一级响应"含义是什么？ / 27

009 "突发公共卫生事件一级响应"时各级人民政府应采取哪些措施？ / 29

010 "突发公共卫生事件一级响应"时卫生行政部门应采取哪些措施？ / 32

011 "突发公共卫生事件一级响应"时医疗机构应采取哪些措施？ / 34

012 "突发公共卫生事件一级响应"时疾病预防控制机构应采取哪些措施？ / 36

013 "突发公共卫生事件一级响应"时非事件发生地区应采取哪些措施？ / 38

014 新冠肺炎疫情引起突发公共卫生事件的信息应由哪一主体发布？ / 39

015 防控新冠肺炎疫情各级地方政府可以采取哪些紧急措施？ / 41

016 防控新冠肺炎疫情政府采取各类措施时应该考虑哪些因素？ / 44

017 新冠肺炎疫情前我国各级政府建立的相应应急预案有

目 录

哪些？/ 46

018 新冠肺炎疫情前我国依法建立的监测和预警机制有哪些？/ 47

019 各种疫情初发时各级政府应该如何依法处理获取的相应信息？/ 49

020 防控新冠肺炎疫情政府保证信息公开透明应该遵循哪些法律规定？/ 51

021 防控新冠肺炎疫情期间如何保证隔离措施符合正当程序的要求？/ 52

022 在跨境公共交通工具上发现新冠肺炎病人应如何处理？/ 54

023 《国境卫生检疫法》规定的"检疫传染病"是什么？/ 56

024 要求新冠肺炎高危重点人员如实登记申报的法律规定有哪些？/ 58

025 防控新冠肺炎疫情期间企业和公民应当如何配合政府采取应急处置措施？/ 59

026 防控新冠肺炎疫情期间各级政府依法可以采取哪些物资征用行为？/ 61

027 防控新冠肺炎疫情所需器械、药品等物资的生产、供应和运送应如何保障？/ 62

028 防控新冠肺炎疫情期间我国法律保障各类物资储备充足的措施有哪些？/ 64

029 防控新冠肺炎疫情期间各级政府应当如何切实保障绿色通道的通畅？/ 66

030 发现被新冠病毒污染的公共饮用水源、食品时政府部门可以采取哪些临时控制措施？ / 67

031 防控新冠肺炎疫情期间乡镇人民政府负有哪些职责？ / 68

032 防控新冠肺炎疫情期间社区小区工作人员上门登记个人信息是否符合法律规定？ / 70

033 防控新冠肺炎疫情期间基层自治组织负有哪些职责？ / 71

034 为防控新冠肺炎疫情火神山医院移交解放军管理使用的法律依据是什么？ / 73

035 防控新冠肺炎期间政府部门应如何改善一线医务人员工作条件？ / 75

036 防控新冠肺炎疫情期间财政部门对于捐赠者、医务工作者等有哪些税收优惠？ / 79

037 防控新冠肺炎疫情期间民政部门是否有权取消特定日期的结婚登记办理？ / 80

038 防控新冠肺炎疫情期间政府是否有权要求经营者停产停业？ / 81

039 防控新冠肺炎疫情期间有关单位征用了其他单位救援物资该如何补偿？ / 83

040 防控新冠肺炎疫情期间有关单位或个人是否可以直接公开发布个人隐私信息？ / 85

041 防控新冠肺炎疫情期间各地党委政府对疫情防控不力的工作人员应当如何处理？ / 87

042 防控新冠肺炎疫情期间对疫情隐瞒、谎报、缓报的政

府有关部门应承担何种责任？／90

043 防控新冠肺炎疫情期间未能完成疫情防控所需物资生产、储备和供应的有关部门应承担何种责任？／91

044 防控新冠肺炎疫情期间有关单位有权推迟开学、复工时间吗？／93

045 政府依法取消防控新冠肺炎疫情的紧急措施应该具备哪些条件？／94

046 战胜新冠肺炎疫情后政府如何依法保障因疫情遭受损失的地区及居民？／95

047 战胜新冠肺炎疫情后各级政府需要如何进行恢复重建工作？／97

048 在非疫情时期各级政府及社会各界应该如何协助公众了解传染病防控知识？／98

049 我国现行法律对严禁野生动物交易和禁食野生动物有哪些规定？／100

050 我国立法应该如何规范野生动物捕获、运输和食用等行为？／104

051 新冠肺炎疫情防控期间因"封城"等防疫措施致使诉讼、行政复议、仲裁等活动不能进行时，应该如何处理？／105

二、医疗机构和疾控机构的依法防治措施

052 医疗机构应如何依法处置新冠肺炎病人、疑似病人及他们的密切接触者？／108

053 医疗机构在对新冠肺炎病例的救治过程中应该遵守基本规范有哪些? / 109

054 为查找病因医疗机构依法是否有权对新冠肺炎病人或疑似病人的尸体进行解剖? / 111

055 疾病预防控制机构发现新冠肺炎疫情或者接到疫情报告时应采取哪些措施? / 112

056 医疗机构、单位和个人等发现新冠肺炎病人或疑似病人时应该向哪个部门报告? / 113

057 被新型冠状病毒污染的污水、污物、废弃口罩以及新冠肺炎患者遗体应该如何处置? / 115

058 防控新冠肺炎疫情疾病预防控制中心应该承担法定职责有哪些? / 117

059 防控新冠肺炎疫情期间疾病预防控制中心是否有权对单位和个人进行有关调查、检验、采集样本、隔离治疗等预防、控制措施? / 120

060 防控新冠肺炎疫情期间疾病预防控制机构如何防止医疗机构出现传染病的医源性感染和医院感染? / 121

061 港口、机场、铁路疾病预防控制机构及国境卫生检疫机关发现疑似传染病病人时应当如何处理? / 122

062 防控传染病时传染病管理监督员和传染病管理检查员应该履行哪些法定职责? / 124

063 防控新冠肺炎疫情期间医疗机构依法是否有权接受社会捐赠? / 126

064 防控新冠肺炎疫情期间医疗机构是否可以自行向社会

目 录

公开募捐？ / 128

三、社会组织和公众的依法应对行动

065 防控新冠肺炎疫情期间红十字会应当履行的法定职责有哪些？ / 132

066 防控新冠肺炎疫情期间《慈善法》与《红十字会法》如何相互配合适用？ / 133

067 防控新冠肺炎疫情期间红十字会是否可以接受定向捐助？ / 135

068 传染病人、病原携带者或疑似病人未按照防控要求进行隔离、逃离隔离场所或者拒绝配合治疗的应承担何种法律责任？ / 136

069 防控新冠肺炎疫情期间红十字会如何履行受赠财产使用信息披露义务？ / 137

070 防控新冠肺炎疫情期间指定受赠机构应当如何对受赠财产进行分配和发放？ / 139

071 防控新冠肺炎疫情期间畜禽养殖行业应该如何做好防控疫情工作？ / 140

072 防控新冠肺炎疫情期间单位、个人如何捐赠医疗物资？ / 142

073 防控新冠肺炎疫情期间上市公司如何对外披露捐赠的信息？ / 144

074 防控新冠肺炎疫情期间中央企业对外捐赠有无特殊

要求？ / 146

075 防控新冠肺炎疫情期间公民捐赠后是否可以反悔，撤销其捐赠？ / 148

076 新冠肺炎疫情及防控是否构成民商事法律上的不可抗力？ / 149

077 防控新冠肺炎疫情期间用人单位是否有权解除和终止病人、疑似病人、密切接触者的劳动合同？ / 150

078 受新冠肺炎疫情影响停工停业或生产任务不足的用人单位还需要向劳动者支付工资吗？ / 152

079 用人单位如何处理员工以该单位所在地区疫情严重为由提出无法按时复工？ / 153

080 防控新冠肺炎疫情期间因隔离而无法提供正常劳动的人员算旷工吗？ / 154

081 防控新冠肺炎疫情期间非医务人员在工作中感染新冠肺炎的能否依法认定为工伤？ / 156

082 某些酒店、宾馆等经营单位拒绝接待湖北籍人员以及某些小区拒绝湖北籍人员进入的行为是否违法？ / 158

四、基础性强制法律保障

083 防控新冠肺炎疫情期间依法可以采取的行政强制措施有哪些？ / 162

084 防控新冠肺炎疫情期间武汉及湖北各地等"封城"是否有法律依据？ / 163

目 录

085 防控新冠肺炎疫情期间对不执行防控命令的行为人依法可以给予哪些行政处罚？ / 164

086 防控新冠肺炎疫情期间对哄抬价格，捏造、散布涨价信息等违法行为应当予以哪些处罚？ / 167

087 防控新冠肺炎疫情期间对制造谣言、意图混淆视听、制造恐慌的行为依法可以给予哪些治安管理处罚？ / 169

088 防控新冠肺炎疫情期间对侵犯公民个人隐私的行为依法可以给予哪些治安管理处罚？ / 173

089 防控新冠肺炎疫情期间对寻衅滋事行为依法可以给予哪些治安管理处罚？ / 175

090 防控新冠肺炎疫情期间严厉打击刑事犯罪可能适用的法律性文件有哪些？ / 178

091 防控新冠肺炎疫情期间不法行为人可能触犯《刑法》的罪名有哪些？ / 180

092 防控新冠肺炎疫情期间不法行为人的哪些犯罪行为要严惩？ / 182

093 故意传播新型冠状病毒病原体危害公共安全的不法行为人应当承担哪些刑事责任？ / 187

094 防控新冠肺炎疫情期间妨害公务的不法行为人应该承担哪些刑事责任？ / 189

095 防控新冠肺炎疫情期间涉嫌诈骗罪应当承担哪些刑事责任？ / 192

096 如何区别以危险方法危害公共安全罪与妨害传染病防治罪？ / 194

五、世界卫生组织的交流与合作

097 什么是世界卫生组织宣布的"国际关注的突发公共卫生事件（PHEIC）"？ / 200

098 新冠肺炎疫情被宣布为"PHEIC"可能会带来哪些法律风险？ / 202

099 世界卫生组织对新冠肺炎的命名"COVID-19"有何意义？为何与我国有关部门的暂命名不同？ / 204

100 世界卫生组织发布的涉及新冠肺炎疫情的建议是否具有法律上的强制力？ / 205

附录　防控新冠肺炎疫情所涉法律、法规总览 / 207

后记 / 212

绪 论

全面提高依法防控依法治理能力
为疫情防控提供有力法治保障

面对突然暴发的新型冠状病毒肺炎（简称：新冠肺炎）疫情，党中央、国务院高度重视，中共中央总书记、国家主席、中央军委主席习近平从2020年1月7日开始，先后主持召开中央政治局常委会、中央全面依法治国委员会第三次会议、中央全面深化改革委员会第十二次会议等多次重要会议，多次作出重要指示批示，在北京市调研指导新型冠状病毒肺炎疫情防控工作并视频连线武汉防控一线进行慰问，并与世界卫生组织负责人和各国领导人保持密切沟通与合作。

（一）党中央高度重视疫情防控，统一指挥、统一协调、统一调度

2020年1月7日、1月25日、2月3日、2月12日，习总书记四次主持召开中共中央政治局常务委员会，**决定党中央成立应对疫情工作领导小组，在中央政治局常务委员会领导下开展疫情防控指导工作**；强调疫情防控要坚持全国一盘棋；要求各级党委和政府必须坚决服从党中央统一指挥、统一协调、统一调度，做到令行禁止；要求始终坚持把人民群众生命安全和身体健康放在第一位，按照坚定信心、同舟

共济、科学防治、精准施策的总要求，全面开展疫情防控工作。1月22日，鉴于疫情迅速蔓延、防控工作面临严峻挑战，习总书记明确要求湖北省对人员外流实施全面严格管控。1月28日，习主席会见世界卫生组织总干事谭德塞时表示，中国政府始终本着公开、透明、负责任的态度及时向国内外发布疫情信息，积极回应各方关切，加强与国际社会合作。世界卫生组织在协调全球卫生事务方面发挥着重要作用，中方高度重视同世界卫生组织的合作。中方欢迎世界卫生组织参与本次疫情防控工作，世界卫生组织专家已赴武汉进行实地考察。中方愿同世界卫生组织和国际社会一道，共同维护好地区和全球的公共卫生安全。相信世界卫生组织和国际社会能够客观公正、冷静理性地评估疫情。

（二）抗击疫情是对我国治理体系和治理能力现代化的一次大考

党的十九大提出到本世纪中叶实现国家治理体系和治理能力现代化，党的十九届四中全会通过的《中共中央关于坚持和完善中国特色社会主义制度推进国家治理体系和治理能力现代化若干重大问题的决定》（以下简称《决定》）**突出强调了法治在坚持和完善中国特色社会主义制度、推进国家治理体系和治理能力现代化中的重要作用**。《决定》提出，"坚持全面依法治国，建设社会主义法治国家，切实保障社会公平正义和人民权利的显著优势。"进一步提出"坚持和完善中国特色社会主义制度、推进国家治理体系和治理能力现代化的总体目标是，到我们党成立一百年时，在各方面制度更加成熟更加定型上取得明显成效；到二〇三五年，各方面制度更加完善，基本实现国家治理体系和治理能力现代化；到新中国成立一百年时，全面实现国家治理体系和治理能力现代化，使中国特色社会主义制度更加巩固、优越性充分展现。"为实现上述目标，《决定》提出"建设中国特色社会主义法治体系、建设社会主义法治国家是坚持和发展中国特色社会主义的内在要求。必须坚定不移走中国特色社会主义法治道路，全面推进依法治国，坚持依法治国、依法执政、依法行政共同推进，坚持法治国家、法治政府、法治社会一体建设，加快形成完备的法律规范体系、高效的法治实施体系、严密的法治监督体系、有力的法治保障体系，加快形成完善的党内法规体系，全面推进科学立法、严格执法、公正司法、全民守法，推进法治中国建设。"

2020年2月3日，习近平总书记在中央政治局常委会会议研究应对新型冠状病毒肺炎疫情工作时讲话明确指出，**提高国家治理能力和水平。这次疫情是对我国治理体系和能力的一次大考，我们一定要总结经验、吸取教训。要针对这次疫情应对中暴露出来的短板和不足，健全国家应急管理体系，提高处理急难险重任务能力**。2月14日，习近平总书记主持召开中央全面深化改革委员会第十二次会议再次指出，这次抗击新冠肺炎疫情，是对国家治理体系和治理能力的一次大考。要研究和加强疫情防控工作，从体制机制上创新和完善重大疫情防控举措，健全国家公共卫生应急管理体系，提高应对突发重大公共卫生事件的能力水平。习近平总书记强调，确保人民群众生命安全和身体健康，是我们党治国理政的一项重大任务。既要立足当前，科学精准打赢疫情防控阻击战，更要放眼长远，总结经验、吸取教训，针对这次疫情暴露出来的短板和不足，抓紧补短板、堵漏洞、强弱项，该坚持的坚持，该完善的完善，该建立的建立，该落实的落实，完善重大疫情防控体制机制，健全国家公共卫生应急管理体系。

（三）依法防治疫情是全面依法治国的重要体现

党的十八大以来，党中央把全面依法治国提升到"四个全面"战略布局的高度，以中央全会决议的形式就全面推进依法治国作出战略部署。党的十九大进一步明确，全面推进依法治国总目标是"**建设中国特色社会主义法治体系、建设社会主义法治国家**"，并将"坚持全面依法治国"作为新时代坚持和发展中国特色社会主义的十四条基本方略之一。以习近平同志为核心的党中央加快推进中国特色社会主义法治体系建设，牢固树立社会主义法治权威，尊法学法守法用法日益成为全体人民的共同追求和自觉行动，法治中国建设取得举世瞩目的历史性成就。中国特色社会主义法治道路是基于对新中国成立以来我国发展历史经验的总结。尤其是改革开放以来，顺应党和国家工作中心转移、社会主义市场经济不断发展、各方面事业不断推进的现实需要，我们党积极推进国家治理法治化，坚定不移深化依法治国实践，推进国家治理体系和治理能力现代化，不断提升国家治理能力和水平。社会主义法治必须坚持党的领导，党的领导也必须依靠社会主义法治。党要把依法治国基本方略同依法执政基本方式统一起来。

2020年2月3日，习近平总书记在中央政治局常委会会议研究应对新型冠状病毒肺炎疫情工作时讲话明确指出，**要加强法治建设，认真评估传染病防治法、野生动物保护法等法律法规的修改完善，还要抓紧出台生物安全法等法律。**2月5日，习总书记主持召开中央全面依法治国委员会第三次会议时强调，**要在党中央集中统一领导下，始终把人民群众生命安全和身体健康放在第一位，从立法、执法、司法、守法各环节发力，全面提高依法防控依法治理能力，为疫情防控提供有力法治保障。**当前，疫情防控正处于关键时期，依法科学有序防控至关重要。疫情防控越是到最吃劲的时候，越要坚持依法防控，在法治轨道上统筹推进各项防控工作，保障疫情防控工作顺利开展。要完善疫情防控相关立法，严格执行疫情防控和应急处置法律法规，严格依法实施防控措施，坚决防止疫情蔓延。要加大对危害疫情防控行为执法司法力度，严格执行传染病防治法及其实施条例、野生动物保护法、动物防疫法、突发公共卫生事件应急条例等法律法规，依法实施疫情防控及应急处理措施。要加强治安管理、市场监管等执法工作，加大对暴力伤害医务人员的违法行为打击力度，严厉查处各类哄抬防疫用品和民生商品价格的违法行为，依法严厉打击抗拒疫情防控、暴力伤医、制假

绪 论

售假、造谣传谣等破坏疫情防控的违法犯罪行为，保障社会安定有序。要依法规范捐赠、受赠行为，确保受赠财物全部及时用于疫情防控。要依法做好疫情报告和发布工作，加强对相关案件审理工作的指导，加强疫情防控法治宣传和法律服务，引导广大人民群众增强法治意识，依法支持和配合疫情防控工作。各级党委和政府要全面依法履行职责，坚持运用法治思维和法治方式开展疫情防控工作，在处置重大突发事件中推进法治政府建设，提高依法执政、依法行政水平。各有关部门要明确责任分工，积极主动履职，抓好任务落实，提高疫情防控法治化水平，切实保障人民群众生命健康安全。

2月14日，习近平总书记在主持召开中央全面深化改革委员会第十二次会议还强调，要强化公共卫生法治保障，全面加强和完善公共卫生领域相关法律法规建设，认真评估传染病防治法、野生动物保护法等法律法规的修改完善。要从保护人民健康、保障国家安全、维护国家长治久安的高度，把生物安全纳入国家安全体系，系统规划国家生物安全风险防控和治理体系建设，全面提高国家生物安全治理能力。要尽快推动出台生物安全法，加快构建国家生物安全法律法规体系、制度保障体系。

2月10日，全国人大常委会法工委着手部署启动野生动物保护法的修改工作，拟将修改野生动物保护法增加列入常委会今年的立法工作计划，并加快动物防疫法等法律的修改进程，加大打击和惩治乱捕滥食野生动物行为的力度。2月

17日，十三届全国人大常委会四十七次委员长会议全国人大常委会委员长会议关于提请全国人大常委会关于禁止非法野生动物交易、革除滥食野生动物陋习、切实保障人民群众生命健康的决定草案。

自党的十八大以来，我国已经建立了比较完备的应对突发公共卫生事件的法律体系，这是我国国家治理体系和治理能力现代化的显著优势的体现。

目前，我国已经形成了以《宪法》*为引领，《传染病防治法》《突发事件应对法》为核心；以2020年6月1日即将施行的我国卫生健康事业"牵头管总"的《基本医疗卫生与健康促进法》为基础，《国境卫生检疫法》《野生动物保护法》《动物防疫法》《慈善法》《公益事业捐赠法》《红十字会法》《价格法》《网络安全法》《突发公共卫生事件应急条例》《国内交通卫生检疫条例》等为骨干，《行政强制法》《治安管理处罚法》和《刑法》为支撑，《国家突发公共事件总体应急预案》《国家突发公共卫生事件应急预案》《国家突发公共事件医疗卫生救援应急预案》为保障，《最高人民法院、最高人民检察院关于办理妨害预防、控制突发传染病疫情等灾害的刑事案件具体应用法律若干问题的解释》等为保护的比较完备的应对突发公共卫生事件的法律体系。

为了使新型冠状病毒肺炎疫情防控服从党中央统一指

---

* 注：为叙述方便，本书所涉中华人民共和国的法律、法规等名称均用简称，省去"中华人民共和国"冠名，规范全称详见"附录　防控新冠肺炎疫情所涉法律、法规总览"。

绪　论

挥、统一协调、统一调度，做到令行禁止，党中央印发了《关于加强党的领导、为打赢疫情防控阻击战提供坚强政治保证的通知》。国务院有关部门发布了《关于做好新型冠状病毒肺炎疫情防控期间保障医务人员安全维护良好医疗秩序的通知》《关于做好新型冠状病毒感染的肺炎疫情防控物资和人员应急运输优先保障工作的通知》《关于坚决维护防疫用品市场价格秩序的公告》《关于妥善处理新型冠状病毒肺炎疫情防控期间劳动关系问题的通知》《关于做好新型冠状病毒感染的肺炎疫情医疗污水和城镇污水监管工作的通知》《新型冠状病毒感染的肺炎患者遗体处置工作指引（试行）》《关于支持新型冠状病毒感染的肺炎疫情防控有关捐赠税收政策的公告》《关于支持新型冠状病毒感染的肺炎疫情防控有关个人所得税政策的公告》《关于动员慈善力量依法有序参与新型冠状病毒感染的肺炎疫情防控工作的公告》等文件。

最高人民检察院先后发布《关于认真贯彻落实中央疫情防控部署坚决做好检察机关疫情防控工作的通知》《关于在防控新型冠状病毒肺炎期间刑事案件办理有关问题的指导意见》。最高人民法院、最高人民检察院、公安部、司法部发布《关于依法惩治妨害新型冠状病毒感染肺炎疫情防控违法犯罪的意见》。

部分地方人大发布相关决定指导规范应对新型冠状病毒肺炎疫情，包括《上海市人民代表大会常务委员会关于全力做好当前新型冠状病毒感染肺炎疫情防控工作的决定》《北京市人民代表大会常务委员会关于依法防控新型冠状病毒感染肺炎疫情坚决打赢疫情防控阻击战的决定》《江苏省人民代表大会常务委员会关于依法防控新型冠状病毒感染肺炎疫情切实保障人民群众生命健康安全的决定》《广东省人民代表大会常务委员会关于依法防控新型冠状病毒肺炎疫情切实保障人民群众生命健康安全的决定》《天津市人民代表大会常务委员会关于禁止食用野生动物的决定》等。

（四）落实总书记指示，为依法科学有序防控做好服务

为了落实习总书记提出的"**全面提高依法防控、依法治理能力，为疫情防控提供有力法治保障**"和"**依法科学有序防控至关重要。疫情防控越是到最吃劲的时候，越要坚持依法防控，在法治轨道上统筹推进各项防控工作，保障疫情防控工作顺利开展**"的指示，按照习总书记在中央全面依法治国委员会第三次会议、中央全面深化改革委员会第十二次会议等会议上重点强调的依法治理依法防控精神，对我国的疫情防控的法律法规、行政规章及规范性文件进行了梳理，针对防控新型冠状病毒肺炎疫情期间大众普遍关心的立法、执法、司法、守法问题，从法律依据、执法逻辑、防控措施等方面进行分析，编撰了本书，内容主要包括：政府及其部门的依法防控举措、医疗机构和疾控机构的依法防治措施、社会组织和公众的依法应对行动、基础性强制法律保障和世界卫生组织的交流与合作。

通过宣传依法科学有序防控，有助于各级政府和社会各

绪 论

界严格执行疫情防控和应急处置法律法规，依法审慎决策，依法实施防控措施；有助于疫情防控法治宣传和法律服务，引导广大人民群众增强法治意识，强化疫情防控法律服务，化解疫情期间矛盾纠纷，支持和配合疫情防控工作。在法治轨道上统筹推进各项防控工作，保障疫情防控工作顺利开展，同时展示我国应对突发公共卫生事件的法律制度优势，总结疫情防控中暴露出来的问题，为进一步完善公共卫生法治体系贡献绵薄之力。

坚决依法打赢疫情防控的人民战争、总体战、阻击战。我们依法防疫，更盼春暖花开。

一、政府及其部门的依法防控举措

001 防控新冠肺炎疫情党和国家建立的工作机制有哪些?

新冠肺炎疫情出现后,党和国家建立了多个应急工作机制,体现了我国应对疫情的治理体系和治理能力现代化水平的提高。以习近平总书记为核心的党中央高度重视,习总书记对加强疫情防控亲自指挥,亲自部署。2020年1月25日,习近平总书记主持的中央政治局常委会会议决定成立中央应对新型冠状病毒感染肺炎疫情工作领导小组,由国务院总理李克强任组长,截至2020年2月13日,已经举行八次会议研究部署防控工作,并分别于2020年2月3日和12日向中共中央政治局常务委员会汇报工作。2020年1月27日,中共中央政治局委员、国务院副总理孙春兰率中央赴湖北指导组赴湖北开展指导督查工作。

国务院成立了应对新型冠状病毒感染的肺炎疫情联防联控机制工作指导组,由国家卫生健康委员会(以下简称国家卫健委)牵头建立应对新型冠状病毒感染的肺炎疫情联防联控工作机制,成员单位共有32个部门。联防联控工作机制下设疫情防控、医疗救治、科研攻关、宣传、外事、后勤保障、前方工作等工作组,分别由相关部委负责同志任组长,明确职责,分工协作,形成防

一、政府及其部门的依法防控举措

控疫情的有效合力。国务院副总理孙春兰于2020年1月20日起连续召开多次国务院应对新型冠状病毒感染的肺炎疫情联防联控工作机制会议，分析研判疫情形势，部署落实疫情防控各项工作。

各地方政府成立相应的新型冠状病毒感染的肺炎疫情防控指挥部，指导当地疫情防控工作，统一负责本行政区域内的新型冠状病毒感染的肺炎防控工作，依法履行职责。

《突发事件应对法》第八条规定，"国务院在总理领导下研究、决定和部署特别重大突发事件的应对工作；根据实际需要，设立国家突发事件应急指挥机构，负责突发事件应对工作；必要时，国务院可以派出工作组指导有关工作。

县级以上地方各级人民政府设立由本级人民政府主要负责人、相关部门负责人、驻当地中国人民解放军和中国人民武装警察部队有关负责人组成的突发事件应急指挥机构，统一领导、协调本级人民政府各有关部门和下级人民政府开展突发事件应对工作；根据实际需要，设立相关类别突发事件应急指挥机构，组织、协调、指挥突发事件应对工作。

上级人民政府主管部门应当在各自职责范围内，指导、协助下级人民政府及其相应部门做好有关突发事件的应对工作。"

《突发公共卫生事件应急条例》第四条规定，"突发事件发生后，省、自治区、直辖市人民政府成立地方突发事件应急处理指挥部，省、自治区、直辖市人民政府主要领导人担任总指挥，负责领导、指挥本行政区域内突发事件应急处理工作。"《国家突发公共事件总体应急预案》规定，"国务院是突发公共事件应急管理工作的最高行政领导机构。在国务院总理领导下，由国务院常务会议和国家相关突发公共事件应急指挥机构（以下简称相关应急指挥机构）负责突发公共事件的应急管理工作；必要时，派出国务院工作组指导有关工作。"

002 我国应对突发公共卫生事件和传染病防控的总体制度是什么？

《基本医疗卫生与健康促进法》（自2020年6月1日起施行）第十九条规定，"国家建立健全突发事件卫生应急体系，制定和完善应急预案，组织开展突发事件

一、政府及其部门的依法防控举措

的医疗救治、卫生学调查处置和心理援助等卫生应急工作,有效控制和消除危害。"

第二十条规定,"国家建立传染病防控制度,制定传染病防治规划并组织实施,加强传染病监测预警,坚持预防为主、防治结合,联防联控、群防群控、源头防控、综合治理,阻断传播途径,保护易感人群,降低传染病的危害。

任何组织和个人应当接受、配合医疗卫生机构为预防、控制、消除传染病危害依法采取的调查、检验、采集样本、隔离治疗、医学观察等措施。"

党的十八大以来,我国卫生健康事业发展取得了丰硕成果。近十年来,我国卫生健康领域立法执法取得了巨大成就,《传染病防治法》《国境卫生检疫法》《母婴保健法》《执业医师法》《中医药法》《精神卫生法》《献血法》《药品管理法》《疫苗管理法》等十多部相关法律得到贯彻落实。

2009年,《中共中央国务院关于深化医药卫生体制改革的意见》发布,标志着我国新一轮医改正式启动。10年后,2019年12月28日,十三届全国人大常委会第十五次会议审议通过《基本医疗卫生与健康促进法》，标志着我国卫生健康领域自此有了一部"牵头管总"的法律。

《基本医疗卫生与健康促进法》的施行必将推动我国在应对突发公共卫生事件和传染病防控工作方面不断发展。

003 新冠肺炎属于我国《传染病防治法》规定的哪一类传染病？

《传染病防治法》第三条规定，"本法规定的传染病分为甲类、乙类和丙类。

甲类传染病是指：鼠疫、霍乱。

乙类传染病是指：传染性非典型肺炎、艾滋病、病毒性肝炎、脊髓灰质炎、人感染高致病性禽流感、麻疹、流行性出血热、狂犬病、流行性乙型脑炎、登革热、炭疽、细菌性和阿米巴性痢疾、肺结核、伤寒和副伤寒、流行性脑脊髓膜炎、百日咳、白喉、新生儿破伤风、猩红热、布鲁氏菌病、淋病、梅毒、钩端螺旋体病、血吸虫病、疟疾。

丙类传染病是指：流行性感冒、流行性腮腺炎、

一、政府及其部门的依法防控举措

风疹、急性出血性结膜炎、麻风病、流行性和地方性斑疹伤寒、黑热病、包虫病、丝虫病,除霍乱、细菌性和阿米巴性痢疾、伤寒和副伤寒以外的感染性腹泻病。

上述规定以外的其他传染病,根据其暴发、流行情况和危害程度,需要列入乙类、丙类传染病的,由国务院卫生行政部门决定并予以公布。"

三类传染病中,应对甲类传染病所需采取的报告和防控措施最为严格。任何人发现了甲类传染病都要及时上报,一般要求城镇不超过两小时、农村不超过六小时。《突发公共卫生事件应急条例》第三十条规定,"宣布为甲类传染病的,由国务院决定。"但《传染病防治法》于2004年修改生效后,甲类传染病已由该法以立法形式确定,国家立法机关以外的单位和个人无权修改。对于乙类和丙类传染病也同样需要采取相应的防控措施。

国家卫健委于2020年1月20日发布的第1号公告已将新型冠状病毒肺炎纳入《传染病防治法》规定的乙类传染病,并采取甲类传染病的预防、控制措施。

004 什么是对传染病的"乙类甲管"？

《传染病防治法》第三条授权国务院卫生行政管理部门调整乙类、丙类传染病病种。该法第四条同时规定，"对乙类传染病中传染性非典型肺炎、炭疽中的肺炭疽和人感染高致病性禽流感，采取本法所称甲类传染病的预防、控制措施。其他乙类传染病和突发原因不明的传染病需要采取本法所称甲类传染病的预防、控制措施的，由国务院卫生行政部门及时报经国务院批准后予以公布、实施。"这是对本次新型冠状病毒肺炎疫情"乙类甲管"的法律依据。

事实上，一些突发严重传染病的严重程度可能并不低于鼠疫、霍乱这两个甲类传染病，但根据《传染病防治法》的规定，国务院及国家卫健委均没有修改甲类传染病范围的权限，故结合传染病的防治需要，对一些传染病由国务院卫生行政部门宣布为乙类传染病，并采取甲类传染病的防控措施。本次新型冠状病毒肺炎即属于这一情况。

一、政府及其部门的依法防控举措

005 突发公共卫生事件的确定标准是什么？

《突发事件应对法》第三条规定，"本法所称突发事件，是指突然发生，造成或者可能造成严重社会危害，需要采取应急处置措施予以应对的自然灾害、事故灾难、公共卫生事件和社会安全事件。

按照社会危害程度、影响范围等因素，自然灾害、事故灾难、公共卫生事件分为特别重大、重大、较大和一般四级。法律、行政法规或者国务院另有规定的，从其规定。

突发事件的分级标准由国务院或者国务院确定的部门制定。"

在《突发事件应对法》实施之前，我国已经确定了突发事件的概念及其等级。2005年1月，经国务院常务会议讨论通过的《国家突发公共事件总体应急预案》附件《国家特别重大、重大突发公共事件分级标准（试行）》确立了我国特别重大、重大突发事件的认定标准，该标准也成为我国各级政府沿用至今的判断突发事件等级的指示,《上海市实施〈中华人民共和国突发事件应对法〉办法》以及《北京市实施〈中华人民共和国突发事件应对法〉办法》也均采用此标准,各地政府本次疫情防控也是基于该标准采取各类措施。《突发事件应对法》再次确认突发事件的概念及其等级。

特别重大公共卫生事件包括:

(1)肺鼠疫、肺炭疽在大、中城市发生,疫情有扩散趋势;或肺鼠疫、肺炭疽疫情波及2个以上的省份,并有进一步扩散趋势;

(2)发生传染性非典型肺炎、人感染高致病性禽流感病例,疫情有扩散趋势;

(3)涉及多个省份的群体性不明原因疾病,并有扩散趋势;

……

(9)其他危害特别严重的突发公共卫生事件。

2020年1月19日,武汉市疾病预防控制中心主任在接受电视采访时表示,武汉面对的是突发公共卫生事件。各地省级政府都是按照特别重大突发公共卫生事件采取一级响应措施防控本次疫情的。

一、政府及其部门的依法防控举措

006 突发公共卫生事件时负责处置的单位如何确定？

《突发事件应对法》第七条规定,"县级人民政府对本行政区域内突发事件的应对工作负责；涉及两个以上行政区域的,由有关行政区域共同的上一级人民政府负责,或者由各有关行政区域的上一级人民政府共同负责。

突发事件发生后,发生地县级人民政府应当立即采取措施控制事态发展,组织开展应急救援和处置工作,并立即向上一级人民政府报告,必要时可以越级上报。

突发事件发生地县级人民政府不能消除或者不能有效控制突发事件引起的严重社会危害的,应当及时向上级人民政府报告。上级人民政府应当及时采取措施,统一领导应急处置工作。"

《突发公共卫生事件应急条例》第四条规定,"突发事件发生后,省、自治区、直辖市人民政府成立地方突发事件应急处理指挥部,省、自治区、直辖市人民政府主要领导人担任总指挥,负责领导、指挥本行政区域内突发事件应急处理工作。

县级以上地方人民政府卫生行政主管部门,

具体负责组织突发事件的调查、控制和医疗救治工作。

县级以上地方人民政府有关部门,在各自的职责范围内做好突发事件应急处理的有关工作。"

《国家突发公共事件总体应急预案》规定,"地方各级人民政府是本行政区域突发公共事件应急管理工作的行政领导机构,负责本行政区域各类突发公共事件的应对工作。"

本次新型冠状病毒疫情,武汉市政府应当对其行政区域内的突发公共卫生事件负责,其在2019年12月依照《突发事件应对法》通过武汉市卫生健康委员会将疫情上报国家卫健委,国家卫健委基于武汉市上报的信息在2019年12月31日派出专家组到武汉调查疫情。而后在本次新型冠状病毒疫情进一步升级的时候,仍由武汉市政府组织开展应急救援和处置工作,并根据法律规定立即向湖北省政府报告,湖北省政府也应及时采取措施,统一领导全省的应急处置工作。

一、政府及其部门的依法防控举措

007 突发公共卫生事件应急预案应当如何启动？

《突发事件应对法》第四十八条规定，"突发事件发生后，履行统一领导职责或者组织处置突发事件的人民政府应当针对其性质、特点和危害程度，立即组织有关部门，调动应急救援队伍和社会力量，依照本章的规定和有关法律、法规、规章的规定采取应急处置措施。"

第四十九条规定，"自然灾害、事故灾难或者公共卫生事件发生后，履行统一领导职责的人民政府可以采取下列一项或者多项应急处置措施：

（一）组织营救和救治受害人员，疏散、撤离并妥善安置受到威胁的人员以及采取其他救助措施；

（二）迅速控制危险源，标明危险区域，封锁危险场所，划定警戒区，实行交通管制以及其他控制措施；

（三）立即抢修被损坏的交通、通信、供水、排水、供电、供气、供热等公共设施，向受到危害的人员提供避难场所和生活必需品，实施医疗救护和卫生防疫以及其他保障措施；

（四）禁止或者限制使用有关设备、设施，关闭或者限制使用有关场所，中止人员密集的活动或者可能导致危害扩大的生产经营活动以及采取其他保护措施；

（五）启用本级人民政府设置的财政预备费和储备的应急救援物资，必要时调用其他急需物资、设备、设施、工具；

（六）组织公民参加应急救援和处置工作，要求具有特定专长的人员提供服务；

（七）保障食品、饮用水、燃料等基本生活必需品的供应；

（八）依法从严惩处囤积居奇、哄抬物价、制假售假等扰乱市场秩序的行为，稳定市场价格，维护市场秩序；

（九）依法从严惩处哄抢财物、干扰破坏应急处置工作等扰乱社会秩序的行为，维护社会治安；

（十）采取防止发生次生、衍生事件的必要措施。"

《突发公共卫生事件应急条例》第二十六条规定，"突发事件发生后，卫生行政主管部门应当组织专家对突发事件进行综合评估，初步判断突发事件的类型，提出是否启动突发事件应急预案的建议。"如果经过专家评估，提出需要启动突发事件应急预案的建议，则后续启动程序取决于需要启动突发事件应急预案的范围。《突发公共卫生事件应急条例》第二十七条规定，"在全国范围内或者跨省、自治区、直辖市范围内启动

一、政府及其部门的依法防控举措

全国突发事件应急预案，由国务院卫生行政主管部门报国务院批准后实施。省、自治区、直辖市启动突发事件应急预案，由省、自治区、直辖市人民政府决定，并向国务院报告。"

本次新型冠状病毒疫情，湖北省及武汉市于2020年1月23日启动相关药品、物资生产供应的应急预案，根据疫情所需的卫生防控产品和医疗装备情况，紧急联系全省相关重点企业，加大生产调运力度。生活物资方面，湖北省商务厅加强对粮、油等生活必需品的市场监测，畅通主要生活必需品货源渠道。国网湖北电力也全力以赴确保医院等重要场所可靠用电。

008 "突发公共卫生事件一级响应"含义是什么？

《国家突发公共卫生事件应急预案》第1.3节规定，

"根据突发公共卫生事件性质、危害程度、涉及范围，**突发公共卫生事件划分为特别重大（Ⅰ级）、重大（Ⅱ级）、较大（Ⅲ级）和一般（Ⅳ级）四级。**

其中，特别重大突发公共卫生事件主要包括：

（1）肺鼠疫、肺炭疽在大、中城市发生并有扩散趋势，或肺鼠疫、肺炭疽疫情波及2个以上的省份，并有进一步扩散趋势。

（2）发生传染性非典型肺炎、人感染高致病性禽流感病例，并有扩散趋势。

（3）涉及多个省份的群体性不明原因疾病，并有扩散趋势。

（4）发生新传染病或我国尚未发现的传染病发生或传入，并有扩散趋势，或发现我国已消灭的传染病重新流行。

（5）发生烈性病菌株、毒株、致病因子等丢失事件。

（6）周边以及与我国通航的国家和地区发生特大传染病疫情，并出现输入性病例，严重危及我国公共卫生安全的事件。

（7）国务院卫生行政部门认定的其他特别重大突发公共卫生事件。"

第7条规定，"县级以上地方人民政府根据《突发

一、政府及其部门的依法防控举措

公共卫生事件应急条例》的规定，参照本预案并结合本地区实际情况，组织制定本地区突发公共卫生事件应急预案。"

针对 I 级（特别重大）突发公共卫生事件的响应，即为"突发公共卫生事件一级响应"。本次新型冠状病毒疫情及其所带来的影响，符合一级响应的启动标准。除港澳台地区外，浙江省为第一个启动一级响应的省级行政单位，于2020年1月23日启动一级响应；西藏自治区为最后一个启动一级响应的省级行政单位，于2020年1月29日启动一级响应。目前，全国除港澳台以外的所有省、直辖市、自治区均已按照当地的应急预案，启动了突发公共卫生事件一级响应。

009 "突发公共卫生事件一级响应"时各级人民政府应采取哪些措施？

《国家突发公共卫生事件应急预案》第4.2.1节规

定,"各级人民政府的应急反应措施为:

(1)组织协调有关部门参与突发公共卫生事件的处理。

(2)根据突发公共卫生事件处理需要,调集本行政区域内各类人员、物资、交通工具和相关设施、设备参加应急处理工作。涉及危险化学品管理和运输安全的,有关部门要严格执行相关规定,防止事故发生。

(3)划定控制区域:甲类、乙类传染病暴发、流行时,县级以上地方人民政府报经上一级地方人民政府决定,可以宣布疫区范围;经省、自治区、直辖市人民政府决定,可以对本行政区域内甲类传染病疫区实施封锁;封锁大、中城市的疫区或者封锁跨省(区、市)的疫区,以及封锁疫区导致中断干线交通或者封锁国境的,由国务院决定。对重大食物中毒和职业中毒事故,根据污染食品扩散和职业危害因素波及的范围,划定控制区域。

(4)疫情控制措施:当地人民政府可以在本行政区域内采取限制或者停止集市、集会、影剧院演出,以及其他人群聚集的活动;停工、停业、停课;封闭或者封存被传染病病原体污染的公共饮用水源、食品以及相关物品等紧急措施;临时征用房屋、交通工具以及相关设施和设备。

一、政府及其部门的依法防控举措

（5）流动人口管理：对流动人口采取预防工作，落实控制措施，对传染病病人、疑似病人采取就地隔离、就地观察、就地治疗的措施，对密切接触者根据情况采取集中或居家医学观察。

（6）实施交通卫生检疫：组织铁路、交通、民航、质检等部门在交通站点和出入境口岸设置临时交通卫生检疫站，对出入境、进出疫区和运行中的交通工具及其乘运人员和物资、宿主动物进行检疫查验，对病人、疑似病人及其密切接触者实施临时隔离、留验和向地方卫生行政部门指定的机构移交。

（7）信息发布：突发公共卫生事件发生后，有关部门要按照有关规定做好信息发布工作，信息发布要及时主动、准确把握，实事求是，正确引导舆论，注重社会效果。

（8）开展群防群治：街道、乡（镇）以及居委会、村委会协助卫生行政部门和其他部门、医疗机构，做好疫情信息的收集、报告、人员分散隔离及公共卫生措施的实施工作。

（9）维护社会稳定：组织有关部门保障商品供应，平抑物价，防止哄抢；严厉打击造谣传谣、哄抬物价、囤积居奇、制假售假等违法犯罪和扰乱社会治安的行为。"

本次新型冠状病毒疫情发生以来，各地各级政府按应急预案要求，积极采取了上述措施进行有力应对，为战胜疫情提供了坚强的保障。

010 "突发公共卫生事件一级响应"时卫生行政部门应采取哪些措施？

《国家突发公共卫生事件应急预案》第4.2.2节规定，"卫生行政部门的应急反应措施为：

（1）组织医疗机构、疾病预防控制机构和卫生监督机构开展突发公共卫生事件的调查与处理。

（2）组织突发公共卫生事件专家咨询委员会对突发公共卫生事件进行评估，提出启动突发公共卫生事件应急处理的级别。

（3）应急控制措施：根据需要组织开展应急疫苗接种、预防服药。

（4）督导检查：国务院卫生行政部门组织对全国或重点地区的突发公共卫生事件应急处理工作进行督导和检查。省、市（地）级以及县级卫生行政部

一、政府及其部门的依法防控举措

门负责对本行政区域内的应急处理工作进行督察和指导。

（5）发布信息与通报：国务院卫生行政部门或经授权的省、自治区、直辖市人民政府卫生行政部门及时向社会发布突发公共卫生事件的信息或公告。国务院卫生行政部门及时向国务院各有关部门和各省、自治区、直辖市卫生行政部门以及军队有关部门通报突发公共卫生事件情况。对涉及跨境的疫情线索，由国务院卫生行政部门向有关国家和地区通报情况。

（6）制订技术标准和规范：国务院卫生行政部门对新发现的突发传染病、不明原因的群体性疾病、重大中毒事件，组织力量制订技术标准和规范，及时组织全国培训。地方各级卫生行政部门开展相应的培训工作。

（7）普及卫生知识：针对事件性质，有针对性地开展卫生知识宣教，提高公众健康意识和自我防护能力，消除公众心理障碍，开展心理危机干预工作。

（8）进行事件评估：组织专家对突发公共卫生事件的处理情况进行综合评估，包括事件概况、现场调查处理概况、病人救治情况、所采取的措施、效果评价等。"

本次新型冠状病毒疫情发生以来，国家卫健委对疫情信息每日通报，组织专家组奔赴湖北指导工作，进行紧急攻关，截至2020年2月10日已发布五版《新型冠状病毒感染的肺炎诊疗方案》。地方各级卫生行政部门也非常迅速地采取应对措施。以钟南山院士、李兰娟院士等为代表的一批优秀专家的辛勤工作，得到了广大人民群众的赞扬与认可。

011 "突发公共卫生事件一级响应"时医疗机构应采取哪些措施？

《国家突发公共卫生事件应急预案》第4.2.3节规定，"医疗机构的应急反应措施为：

（1）开展病人接诊、收治和转运工作，实行重症和普通病人分开管理，对疑似病人及时排除或确诊。

（2）协助疾控机构人员开展标本的采集、流行病学调查工作。

（3）做好医院内现场控制、消毒隔离、个人防护、医疗垃圾和污水处理工作，防止院内交叉感染和污染。

（4）做好传染病和中毒病人的报告。对因突发公

一、政府及其部门的依法防控举措

共卫生事件而引起身体伤害的病人,任何医疗机构不得拒绝接诊。

(5)对群体性不明原因疾病和新发传染病做好病例分析与总结,积累诊断治疗的经验。重大中毒事件,按照现场救援、病人转运、后续治疗相结合的原则进行处置。

(6)开展科研与国际交流:开展与突发事件相关的诊断试剂、药品、防护用品等方面的研究。开展国际合作,加快病源查寻和病因诊断。"

本次新型冠状病毒疫情发生以来,以武汉市金银潭医院、华中科技大学同济医学院附属同济医院和协和医院等为代表的一批优秀医疗机构,在对确诊和疑似患者进行诊疗过程中,表现出了极高的专业素养和伟大的奉献精神,全国各地大批医疗机构也派出大量医务人员奔赴湖北,得到了各方的支持和颂扬。上海市是第一个且在春节前派出医疗队奔赴武汉的。医护人员令人崇敬。

012 "突发公共卫生事件一级响应"时疾病预防控制机构应采取哪些措施?

《国家突发公共卫生事件应急预案》第4.2.4节规定,"疾病预防控制机构的应急反应措施为:

(1)突发公共卫生事件信息报告:国家、省、市(地)、县级疾控机构做好突发公共卫生事件的信息收集、报告与分析工作。

(2)开展流行病学调查:疾控机构人员到达现场后,尽快制订流行病学调查计划和方案,地方专业技术人员按照计划和方案,开展对突发事件累及人群的发病情况、分布特点进行调查分析,提出并实施有针对性的预防控制措施;对传染病病人、疑似病人、病原携带者及其密切接触者进行追踪调查,查明传播链,并向相关地方疾病预防控制机构通报情况。

(3)实验室检测:中国疾病预防控制中心和省级疾病预防控制机构指定的专业技术机构在地方专业机构的配合下,按有关技术规范采集足量、足够的标本,分送省级和国家应急处理功能网络实验室检测,查找致病原因。

(4)开展科研与国际交流:开展与突发事件相关的诊断试剂、疫苗、消毒方法、医疗卫生防护用品

一、政府及其部门的依法防控举措

等方面的研究。开展国际合作，加快病源查寻和病因诊断。

（5）制订技术标准和规范：中国疾病预防控制中心协助卫生行政部门制订全国新发现的突发传染病、不明原因的群体性疾病、重大中毒事件的技术标准和规范。

（6）开展技术培训：中国疾病预防控制中心具体负责全国省级疾病预防控制中心突发公共卫生事件应急处理专业技术人员的应急培训。各省级疾病预防控制中心负责县级以上疾病预防控制机构专业技术人员的培训工作。"

本次新型冠状病毒疫情发生以来，中国疾病预防控制中心等各级疾病预防控制机构组织开展了多项科研攻关，并在病毒基因序列检测、普通公众防护等方面做出了许多贡献，履行了应尽职责，为疫情防控提供了技术保障。

013 "突发公共卫生事件一级响应"时非事件发生地区应采取哪些措施？

《国家突发公共卫生事件应急预案》第4.2.7节规定，"未发生突发公共卫生事件的地区应根据其他地区发生事件的性质、特点、发生区域和发展趋势，分析本地区受波及的可能性和程度，重点做好以下工作：

（1）密切保持与事件发生地区的联系，及时获取相关信息。

（2）组织做好本行政区域应急处理所需的人员与物资准备。

（3）加强相关疾病与健康监测和报告工作，必要时，建立专门报告制度。

（4）开展重点人群、重点场所和重点环节的监测和预防控制工作，防患于未然。

（5）开展防治知识宣传和健康教育，提高公众自我保护意识和能力。

（6）根据上级人民政府及其有关部门的决定，开展交通卫生检疫等。"

本次新型冠状病毒肺炎疫情发生以来，各地根据习

一、政府及其部门的依法防控举措

总书记提出的"疫情防控要坚持全国一盘棋"指示，开展"联防联控""群防群控"，在各个领域开始加强监测和预防控制工作，并积极组织人员和物资支援重点地区。截至2020年2月14日，已有超过两万名医护人员驰援湖北，且建立了19个省市支援武汉以外16个地市的对口支援关系，全力支持湖北省加强病人的救治工作，维护好广大人民群众的生命安全和身体健康。此外，许多民营企业、各地方群众和海外华侨华人也积极为医院进行捐助，齐心打赢防控阻击战。

014 新冠肺炎疫情引起突发公共卫生事件的信息应由哪一主体发布？

《传染病防治法》第三十八条规定，"国家建立传染病疫情信息公布制度。国务院卫生行政部门定期公布全国传染病疫情信息。省、自治区、直辖市人民政府卫生行政部门定期公布本行政区域的传染病疫情信息。传染病暴发、流行时，国务院卫生行政部门负责向社会公布传染病疫情信息，并可以授权省、自治区、直辖市人民政府卫生行政部门向社会公布本行政区域的传染病疫情信息。"

《突发公共卫生事件应急条例》第十九条规定，"国家建立突发事件的信息发布制度。国务院卫生行政主管部门负责向社会发布突发事件的信息。必要时，可以授权省、自治区、直辖市人民政府卫生行政主管部门向社会发布本行政区域内突发事件的信息。信息发布应当及时、准确、全面。"

《突发公共卫生事件与传染病疫情监测信息报告管理办法》第三十二条第一款规定，"国务院卫生行政部门应当及时通报和公布突发公共卫生事件和传染病疫情，省（自治区、直辖市）人民政府卫生行政部门根据国务院卫生行政部门的授权，及时通报和公布本行政区域内的突发公共卫生事件和传染病疫情。"

因此，传染病类突发公共卫生事件的信息，应由国家卫健委向社会公布，省、自治区、直辖市卫健委在得到授权时也可向社会发布本行政区域内的信息。

在新型冠状病毒肺炎疫情发生后，为使社会公众及时、准确、全面掌握疫情的信息，从2020年1月20日起，国家卫健委于其官方网站每日汇总发布全国各省份确诊病例和疑似病例数据。2020年1月27日起，

一、政府及其部门的依法防控举措

国家卫健委设立"日行新闻发布会",每日发布"新冠肺炎"疫情动态和防控政策,并答问中外记者。日发布制度将坚持下去,直到不再需要发布。同时,国家卫健委指导武汉市卫健委分别于2019年12月31日和2020年1月3日、5日、9日发布了疫情和防控信息,根据疫情发展的变化,从1月11日起已经改为每日更新发布。

截至2020年2月16日,湖北省政府新闻办公室共召开25场新型冠状病毒感染的肺炎疫情防控工作新闻发布会,浙江省政府新闻办公室共召开20场新型冠状病毒感染的肺炎疫情防控工作新闻发布会,上海市政府共召开23场疫情防控新闻发布会。

015 防控新冠肺炎疫情各级地方政府可以采取哪些紧急措施?

《传染病防治法》第四十二条规定,"传染病暴发、流行时,县级以上地方人民政府应当立即组织力量,按照预防、控制预案进行防治,切断传染病的传播途径,必要时,报经上一级人民政府决定,可以采取下列紧急措施并予以公告：

（一）限制或者停止集市、影剧院演出或者其他人群聚集的活动；

（二）停工、停业、停课；

（三）封闭或者封存被传染病病原体污染的公共饮用水源、食品以及相关物品；

（四）控制或者扑杀染疫野生动物、家畜家禽；

（五）封闭可能造成传染病扩散的场所。

上级人民政府接到下级人民政府关于采取前款所列紧急措施的报告时，应当即时作出决定。"

《传染病防治法实施办法》第五十三条进一步规定，"县级以上政府接到下一级政府关于采取《传染病防治法》（1989）第二十五条规定的紧急措施报告时，应当在二十四小时内作出决定。下一级政府在上一级政府作出决定前，必要时，可以临时采取《传染病防治法》第二十五条第一款第（一）、（四）项紧急措施，但不得超过二十四小时。"

《突发事件应对法》第四十九条也规定，"自然灾害、事故灾难或者公共卫生事件发生后，履行统一领导职责的人民政府可以采取下列一项或者多项应急处置措施：

（一）组织营救和救治受害人员，疏散、撤离并妥

一、政府及其部门的依法防控举措

善安置受到威胁的人员以及采取其他救助措施；

（二）迅速控制危险源，标明危险区域，封锁危险场所，划定警戒区，实行交通管制以及其他控制措施；

（三）立即抢修被损坏的交通、通信、供水、排水、供电、供气、供热等公共设施，向受到危害的人员提供避难场所和生活必需品，实施医疗救护和卫生防疫以及其他保障措施；

（四）禁止或者限制使用有关设备、设施，关闭或者限制使用有关场所，中止人员密集的活动或者可能导致危害扩大的生产经营活动以及采取其他保护措施；

（五）启用本级人民政府设置的财政预备费和储备的应急救援物资，必要时调用其他急需物资、设备、设施、工具；

（六）组织公民参加应急救援和处置工作，要求具有特定专长的人员提供服务；

（七）保障食品、饮用水、燃料等基本生活必需品的供应；

（八）依法从严惩处囤积居奇、哄抬物价、制假售假等扰乱市场秩序的行为，稳定市场价格，维护市场秩序；

（九）依法从严惩处哄抢财物、干扰破坏应急处置工作等扰乱社会秩序的行为，维护社会治安；

（十）采取防止发生次生、衍生事件的必要措施。"

新型冠状病毒肺炎防控法律行动手册

2020年1月23日,武汉市新型冠状病毒感染的肺炎疫情防控指挥部发布第1号通告:自2020年1月23日10时起,武汉全市城市公交、地铁、轮渡、长途客运暂停运营;无特殊原因,市民不要离开武汉,机场、火车站离汉通道暂时关闭,恢复时间另行通告。其他地方政府也采取了相应的应对措施。

016 防控新冠肺炎疫情政府采取各类措施时应该考虑哪些因素?

《突发事件应对法》第十一条规定,"有关人民政府及其部门采取的应对突发事件的措施,应当与突发事件可能造成的社会危害的性质、程度和范围相适应;有多种措施可供选择的,应当选择有利于最大程度地保护公民、法人和其他组织权益的措施。

公民、法人和其他组织有义务参与突发事件应对工作。"

《国家突发公共事件总体应急预案》强调,"必须坚持以人为本,减少危害。切实履行政府的社会管理和公共服务职能,把保障公众健康和生命财产安全作

一、政府及其部门的依法防控举措

为首要任务,最大程度地减少突发公共事件及其造成的人员伤亡和危害。"

各级政府部门在疫情防控期间采取的各类行政行为,在保证其合法性的同时也应该注重合理性,政府部门可基于正当理由对公民的基本权利予以限制,但任何对基本权利的限制都必须遵循一定的原则,符合一定的限度。这一原则即使是在紧急状态下也同样需要恪守。武汉在疫情发生且严重蔓延后,最终在2020年1月23日宣布"封城",而全国其他地方政府基于各地实际情况采取宽严差异化措施。这也可以被理解为是不同城市因为疫情发展程度以及收治诊疗能力的差异而选择的最符合比例原则的措施。2020年2月7日,国家卫健委、最高人民法院、最高人民检察院和公安部联合印发《关于做好新型冠状病毒肺炎疫情防控期间保障医务人员安全维护良好医疗秩序的通知》,强调疫情防控处于关键时期,保障医务人员安全、维护正常医疗秩序是打赢疫情防控攻坚战的重要保障。

017 新冠肺炎疫情前我国各级政府建立的相应应急预案有哪些？

《突发事件应对法》第十七条规定，"**国家建立健全突发事件应急预案体系**。国务院制定国家突发事件总体应急预案，组织制定国家突发事件专项应急预案；国务院有关部门根据各自的职责和国务院相关应急预案，制定国家突发事件部门应急预案。地方各级人民政府和县级以上地方各级人民政府有关部门根据有关法律、法规、规章、上级人民政府及其有关部门的应急预案以及本地区的实际情况，制定相应的突发事件应急预案。应急预案制定机关应当根据实际需要和情势变化，适时修订应急预案。应急预案的制定、修订程序由国务院规定。"

第十八条规定，"应急预案应当根据本法和其他有关法律、法规的规定，针对突发事件的性质、特点和可能造成的社会危害，具体规定突发事件应急管理工作的组织指挥体系与职责和突发事件的预防与预警机制、处置程序、应急保障措施以及事后恢复与重建措施等内容。"

《突发公共卫生事件应急条例》第十条规定，"国务院卫生行政主管部门按照分类指导、快速反应的要求，制定全国突发事件应急预案，报请国务院批准。

省、自治区、直辖市人民政府根据全国突发事件

一、政府及其部门的依法防控举措

应急预案,结合本地实际情况,制定本行政区域的突发事件应急预案。"

根据《突发事件应对法》以及《突发公共卫生事件应急条例》,从中央到湖北省到武汉市政府都已建立了非常完善的应急预案体系,包括:国务院《国家突发公共事件总体应急预案》(2006年1月8日起施行)、《国家突发公共卫生事件应急预案》(2006年2月26日起施行)、《湖北省突发公共事件总体应急预案》(2006年5月31日起施行)、《湖北省突发公共卫生事件应急预案》(2010年4月22日起施行)、《武汉市突发事件总体应急预案》(2013年3月19日起施行)。

018 新冠肺炎疫情前我国依法建立的监测和预警机制有哪些?

《突发事件应对法》第四十一条规定,"国家建立健全突发事件监测制度。

县级以上人民政府及其有关部门应当根据自然灾害、事故灾难和公共卫生事件的种类和特点，建立健全基础信息数据库，完善监测网络，划分监测区域，确定监测点，明确监测项目，提供必要的设备、设施，配备专职或者兼职人员，对可能发生的突发事件进行监测。"

《传染病防治法》第十九条规定，"国家建立传染病预警制度。国务院卫生行政部门和省、自治区、直辖市人民政府根据传染病发生、流行趋势的预测，及时发出传染病预警，根据情况予以公布。"

《突发公共卫生事件应急条例》第十条规定，"国务院卫生行政主管部门按照分类指导、快速反应的要求，制定全国突发事件应急预案，报请国务院批准。

省、自治区、直辖市人民政府根据全国突发事件应急预案，结合本地实际情况，制定本行政区域的突发事件应急预案。"

我国已经在中央层面统一建立了垂直的突发事件监测制度，并在不断地完善。国务院新闻办公室于2017年9月29日发布的《中国健康事业的发展与人权进步》白

一、政府及其部门的依法防控举措

皮书指出，2003年"非典"疫情之后，国家已建成全球最大规模的法定传染病疫情和突发公共卫生事件的网络直报系统（简称网络直报系统）；2004年1月1日网络直报系统上线，4月1日在全国范围内正式启用，对各类传染性疾病展开监测，不明原因肺炎更是其监测、报告的重点。过去15年间，网络直报系统持续监测我国39种法定传染病，其中甲类传染病可实现2小时直报。在本次防控疫情中，国家卫健委2020年1月20日宣布信息之后，1月21日开始通过网络直报系统上报疫情信息，为后续防控疫情提供了有力保障。

019 各种疫情初发时各级政府应该如何依法处理获取的相应信息？

《突发事件应对法》第三十九条规定，"地方各级人民政府应当按照国家有关规定向上级人民政府报送突发事件信息。县级以上人民政府有关主管部门应当向本级人民政府相关部门通报突发事件信息。专业机构、监测网点和信息报告员应当及时向所在地人民政府及其有关主管部门报告突发事件信息。有关单位和人员报送、报告突发事件信息，应当做到及时、客观、真实，不得迟报、谎报、瞒报、漏报。"

第四十条规定，"**县级以上地方各级人民政府应当及时汇总分析突发事件隐患和预警信息，必要时组织相关部门、专业技术人员、专家学者进行会商，对发生突发事件的可能性及其可能造成的影响进行评估；认为可能发生重大或者特别重大突发事件的，应当立即向上级人民政府报告，并向上级人民政府有关部门、当地驻军和可能受到危害的毗邻或者相关地区的人民政府通报。**"

《突发公共卫生事件应急条例》第二十条第二款规定，"县级人民政府应当在接到报告后2小时内向设区的市级人民政府或者上一级人民政府报告；设区的市级人民政府应当在接到报告后2小时内向省、自治区、直辖市人民政府报告。"

发生传染病疫情时，首先，各级监测人员应该及时报告其发现的有关突发事件的信息，如张继先医生即是第一位上报疫情给相关部门的医生；其次，卫生主管部门应该按照程序将相关信息报告给上级政府及有关主管部门。本次疫情中，武汉市卫健委将相关信息报告给武汉市政府和国家卫健委。

疫情及时上报为战胜疫情提供了充分的信息基础。

一、政府及其部门的依法防控举措

020 防控新冠肺炎疫情政府保证信息公开透明应该遵循哪些法律规定？

《突发事件应对法》第四十四条第四项、第五项规定，"发布三级、四级警报，宣布进入预警期后，县级以上地方各级人民政府应当根据即将发生的突发事件的特点和可能造成的危害，定时向社会发布与公众有关的突发事件预测信息和分析评估结果，并对相关信息的报道工作进行管理"；"及时按照有关规定向社会发布可能受到突发事件危害的警告，宣传避免、减轻危害的常识，公布咨询电话。"

《政府信息公开条例》第六条规定，"行政机关应当及时、准确地公开政府信息。行政机关发现影响或者可能影响社会稳定、扰乱社会和经济管理秩序的虚假或者不完整信息的，应当发布准确的政府信息予以澄清。"

第十九条规定，"对涉及公众利益调整、需要公众广泛知晓或者需要公众参与决策的政府信息，行政机关应当主动公开。"

第二十条第十二项规定，"行政机关应当依照本条例第十九条的规定，主动公开本行政机关的诸多政府信息，包括突发公共事件的应急预案、预警信息及应对情况。"

> 《突发公共卫生事件应急条例》第二十五条第三款规定，"信息发布应当及时、准确、全面。"

在本次疫情中，各级政府履行了信息公开职能。2020年1月30日，深圳在广东省率先公布新冠肺炎确诊患者逗留过的小区和场所，截至2020年2月5日24时，深圳已向公众公布了148个小区和场所。2020年1月31日，广东中山、珠海、梅州陆续公布确诊患者发病期间的活动场所和小区。2020年2月6日，北京市也首次发布了新发病例患者活动过的小区和场所。对于各地政府的信息公开而言，除了遵守相应的法律规定，还要有需求导向，群众需要什么就公布什么，方为治国理政之道。

 021 防控新冠肺炎疫情期间如何保证隔离措施符合正当程序的要求？

《传染病防治法》第三十九条规定，"医疗机构发

一、政府及其部门的依法防控举措

现甲类传染病时,应当及时采取下列措施:

(一)对病人、病原携带者,予以隔离治疗,隔离期限根据医学检查结果确定;

(二)对疑似病人,确诊前在指定场所单独隔离治疗;

(三)对医疗机构内的病人、病原携带者、疑似病人的密切接触者,在指定场所进行医学观察和采取其他必要的预防措施。拒绝隔离治疗或者隔离期未满擅自脱离隔离治疗的,可以由公安机关协助医疗机构采取强制隔离治疗措施。"

《国境卫生检疫法》第十二条、《突发公共卫生事件应急条例》第四十四条,都对传染病相关的隔离措施作出了明确规定。

《行政强制法》第十七条、第十九条和第二十条规定,"在采取隔离措施后,应当根据疾病检测认定结果进行分别告知:对应采取隔离、单独隔离的相对人,告知其及家属合理隔离期限;对密切接触者告知其在指定场所医学观察;对不符合隔离及医学观察条件者,告知其检测结果,并告知其可自行离开。对经治疗和评估认为无继续隔离必要者,应当及时解除隔离措施。"

已经确诊和疑似患者应当服从相关医疗机构的隔离措施，相关医疗机构隔离措施也应符合正当程序。

022 在跨境公共交通工具上发现新冠肺炎病人应如何处理？

《国境卫生检疫法》第三条第二款规定，"检疫传染病，是指鼠疫、霍乱、黄热病以及国务院确定和公布的其他传染病。"

第四条规定，"入境、出境的人员、交通工具、运输设备以及可能传播检疫传染病的行李、货物、邮包等物品，都应当接受检疫，经国境卫生检疫机关许可，方准入境或者出境。具体办法由本法实施细则规定。"

《国境卫生检疫法实施细则》第五条规定，"卫生检疫机关发现染疫人时，应当立即将其隔离，防止任何人遭受感染，并按照本细则第八章的规定处理。

卫生检疫机关发现染疫嫌疑人时，应当按照本细则第八章的规定处理。但对第八章规定以外的其他病种染疫嫌疑人，可以从该人员离开感染环境的时候算

一、政府及其部门的依法防控举措

起,实施不超过该传染病最长潜伏期的就地诊验或者留验以及其他的卫生处理。"

《国家突发公共卫生事件应急预案》第4.2.6节规定,出入境检验检疫机构的应急反应措施为:

"(1)突发公共卫生事件发生时,调动出入境检验检疫机构技术力量,配合当地卫生行政部门做好口岸的应急处理工作。

(2)及时上报口岸突发公共卫生事件信息和情况变化。"

2020年1月25日,杭州市"冠状病毒肺炎"防控指挥部发布疫情通报(第1号),"昨夜10时许,TR188次航班从新加坡到达萧山机场。机上335名乘客中有武汉客人116名。由于事先掌握信息,我市与机场联动进行了严格管控。飞机着陆后,2名发烧人员即送至萧山区第一人民医院,其余武汉乘客在机场宾馆就地隔离,219名其他乘客在市委党校集中医学观察。属地党委政府和市卫生健康部门将按照医学隔离标准和诊疗规范,做好后续工作。"

国家卫健委于2020年1月20日发布的第1号公告宣布将新型冠状病毒肺炎纳入《国境卫生检疫法》规定的检疫传染病管理，因此在此次新型冠状病毒肺炎防控过程中，入境、出境的人员、交通工具、运输设备以及可能传播的行李、货物、邮包等物品都应当接受检疫，经国境卫生检疫机关许可，方准入境或者出境。

当新加坡飞往杭州航班发现染疫人或染疫嫌疑人时，卫生检疫机关即应当依《国境卫生检疫法实施细则》（简称《细则》）第五条以及《国家突发公共卫生事件应急预案》第4.2.6节的规定处理。《细则》第二条规定，"染疫人"指正在患检疫传染病的人，或者经卫生检疫机关初步诊断，认为已经感染检疫传染病或者已经处于检疫传染病潜伏期的人；"染疫嫌疑人"指接触过检疫传染病的感染环境，并且可能传播检疫传染病的人。根据该定义，本次疫情防控中所称的"病人"对应此处的"染疫人"，"疑似病人"对应此处的"染疫嫌疑人"。

023 《国境卫生检疫法》规定的"检疫传染病"是什么？

《传染病防治法》第三十九条规定，"医疗机构发

一、政府及其部门的依法防控举措

《国境卫生检疫法》第一条规定,"为了防止传染病由国外传入或者由国内传出,实施国境卫生检疫,保护人体健康,制定本法。"

第三条规定,"本法规定的传染病是指检疫传染病和监测传染病。检疫传染病,是指鼠疫、霍乱、黄热病以及国务院确定和公布的其他传染病。监测传染病,由国务院卫生行政部门确定和公布。"

对于检疫传染病的具体检疫措施,该法第七条至第十四条作出了详细规定,如入境交通工具和人员必须在最先到达的国境口岸的指定地点接受检疫,出境的交通工具和人员必须在最后离开的国境口岸接受检疫,等等。

检疫传染病病种的来源有二,其一是法定的鼠疫、霍乱和黄热病,其二是国务院根据情况确定和公布的其他传染病。本次新型冠状病毒肺炎已由国家卫健委于1月20日发布的2020年第1号公告纳入《国境卫生检疫法》,属于规定的检疫传染病管理范围。

024 要求新冠肺炎高危重点人员如实登记申报的法律规定有哪些？

2020年2月6日，山东省高级人民法院、山东省人民检察院、山东省公安厅和山东省司法厅四部门联合发布《关于敦促新型冠状病毒感染的肺炎高危重点人员如实登记申报的通告》。2020年2月7日起，其他省市也陆续发布了关于敦促新型冠状病毒感染肺炎重点人员如实登记申报的通告。

通告均要求**任何单位和个人都应当自觉接受**疾病预防控制机构、医疗机构等部门采取的有关登记调查、检验、采集样本、隔离观察、隔离治疗等防控措施，**主动如实报告**病情、旅居史、密切接触人员等相关情况，还明确了违反隔离、治疗相关规定的行为按照以危险方法危害公共安全罪、过失以危险方法危害公共安全罪、妨害传染病防治罪追究刑事责任的各类情形。

2020年2月7日，上海市第十五届人民代表大会常务委员会第十七次会议通过了《上海市人民代表大会常务委员会关于全力做好当前新型冠状病毒感染肺炎疫情防控工作的决定》，北京市十五届人大常委会第十八次会议审议通过了《北京市人民代表大会常务委

一、政府及其部门的依法防控举措

员会关于依法防控新型冠状病毒感染肺炎疫情 坚决打赢疫情防控阻击战的决定》。2月8日，江苏省第十三届人民代表大会常务委员会第十四次会议审议通过了《江苏省人民代表大会常务委员会关于依法防控新型冠状病毒感染肺炎疫情切实保障人民群众生命健康安全的决定》。2月11日，广东省第十三届人民代表大会常务委员会第十八次会议审议通过了《广东省人民代表大会常务委员会关于依法防控新型冠状病毒肺炎疫情切实保障人民群众生命健康安全的决定》。四个决定中都强调个人应当如实提供身体健康情况，如实进行申报登记。

025 防控新冠肺炎疫情期间企业和公民应当如何配合政府采取应急处置措施？

《突发事件应对法》第五十七条规定，"突发事件发生地的公民应当服从人民政府、居民委员会、村民委员会或者所属单位的指挥和安排，配合人民政府采取的应急处置措施，积极参加应急救援工作，协助维护社会秩序。"

《上海市人民代表大会常务委员会关于全力做好当前新型冠状病毒感染肺炎疫情防控工作的决定》规定,"居民委员会、村民委员会应当发挥自治作用,协助相关部门做好社区疫情防控宣传教育和健康提示,落实相关防控措施,及时收集、登记、核实、报送相关信息。业主委员会、物业服务企业应当配合做好疫情防控工作。"

《北京市人民代表大会常务委员会关于依法防控新型冠状病毒感染肺炎疫情 坚决打赢疫情防控阻击战的决定》规定,"乡、镇人民政府和街道办事处应当依法执行疫情防控要求,落实属地责任,组织指导社区(村)、物业服务企业、志愿者组织等有针对性地采取防控措施,做好本辖区的防控工作。"

新冠肺炎疫情防控期间,各地单位和个人都应积极响应政府号召,配合人民政府采取的应急处置措施,积极参加应急救援工作。如上海市洋泾街道149名机关公务员、事业单位人员、社区工作者共组成41支志愿突击小分队,对应下沉40个居民区和驻区单位。

一、政府及其部门的依法防控举措

026 防控新冠肺炎疫情期间各级政府依法可以采取哪些物资征用行为？

《宪法》第十三条规定，"国家为了公共利益的需要，可以依照法律规定对公民的私有财产实行征收或者征用并给予补偿。"

《突发事件应对法》第十二条规定，"有关人民政府及其部门为应对突发事件，可以征用单位和个人的财产。被征用的财产在使用完毕或者突发事件应急处置工作结束后，应当及时返还。财产被征用或者征用后毁损、灭失的，应当给予补偿。"

第五十二条规定，"履行统一领导职责或者组织处置突发事件的人民政府，必要时可以向单位和个人征用应急救援所需设备、设施、场地、交通工具和其他物资，请求其他地方人民政府提供人力、物力、财力或者技术支援，要求生产、供应生活必需品和应急救援物资的企业组织生产、保证供给，要求提供医疗、交通等公共服务的组织提供相应的服务。"

《传染病防治法》第四十五条规定，"传染病暴发、流行时，根据传染病疫情控制的需要，国务院有权在全国范围或者跨省、自治区、直辖市范围内，县级以上地方人民政府有权在本行政区域内紧急调集人员或者调用储备物资，临时征用房屋、交通工具以及相关设施、设备。紧急调集人员的,应当按照规定给予合理报酬。临时征用房屋、交通工具以及相关设施、设备的,应当依法给予补偿;能返还的,应当及时返还。"

2020年2月7日上海市新型冠状病毒感染的肺炎防控情况系列新闻发布会上,司法局一位巡视员确认,美迪康医用材料(上海)有限公司上海工厂生产的口罩已全部被上海市政府征用供应上海本地需求,上海市向其征用应急物资,是在疫情发生之后采取的一项措施,所有的征用都由上海市政府给予资金补助。政府征用应注意征用的范围,必须对其行政区域内的企业和个人进行征用,而不能对不属于管辖范围的其他行政区域进行征用措施。

 027 防控新冠肺炎疫情所需器械、药品等物资的生产、供应和运送应如何保障?

《传染病防治法》第四十九条规定,"传染病暴

一、政府及其部门的依法防控举措

发、流行时，药品和医疗器械生产、供应单位应当及时生产、供应防治传染病的药品和医疗器械。铁路、交通、民用航空经营单位必须优先运送处理传染病疫情的人员以及防治传染病的药品和医疗器械。县级以上人民政府有关部门应当做好组织协调工作。"

第七十二条规定，"铁路、交通、民用航空经营单位未依照本法的规定优先运送处理传染病疫情的人员以及防治传染病的药品和医疗器械的，由有关部门责令限期改正，给予警告；造成严重后果的，对负有责任的主管人员和其他直接责任人员，依法给予降级、撤职、开除的处分。"

《铁路法》和《国内水路运输管理条例》也作了相关的规定。

一方面，为防控新型冠状病毒肺炎疫情，药品和医疗器械生产、供应单位应当依《传染病防治法》的规定及时生产、供应防治传染病的药品和医疗器械。随着新型冠状病毒肺炎病例不断增加，对抗病毒类药品和医疗防护用品的需求也越来越高。为此国内众多药企和医疗器械生产企业，加班加点生产，以确保疫情防控期间国家战略储备药品及医疗器械的生产、储备和供应。这些举措均属对《传染病防治法》规定的法定义务的积极履行。

另一方面，铁路、交通、民用航空经营单位在防控新型冠状病毒肺炎疫情的过程中也必须遵守《传染病防治法》《铁路法》和《国内水路运输管理条例》的规定，优先运送处理新型冠状病毒肺炎疫情的人员以及防治新型冠状病毒肺炎的药品和医疗器械，如未依照规定优先运送，将根据《传染病防治法》第七十二条的规定承担相应法律责任。

028 防控新冠肺炎疫情期间我国法律保障各类物资储备充足的措施有哪些？

《突发事件应对法》第三十二条规定，"国家建立健全应急物资储备保障制度，完善重要应急物资的监管、生产、储备、调拨和紧急配送体系。设区的市级以上人民政府和突发事件易发、多发地区的县级人民政府应当建立应急救援物资、生活必需品和应急处置装备的储备制度。县级以上地方各级人民政府应当

一、政府及其部门的依法防控举措

根据本地区的实际情况，与有关企业签订协议，保障应急救援物资、生活必需品和应急处置装备的生产、供给。"

《突发公共卫生事件应急条例》第十六条规定，"国务院有关部门和县级以上地方人民政府及其有关部门，应当根据突发事件应急预案的要求，保证应急设施、设备、救治药品和医疗器械等物资储备。"

自"非典"疫情后，我国已经建立包括医疗物资在内的应急物资储备制度。鉴于突发事件发生的不确定性增多，需要进一步完善。全国各地各部门纷纷根据《突发公共卫生事件应急条例》相关规定，制定相应的实施办法和应急储备预案。本次疫情发生后，中央医药储备很快调用了防护服、医用手套等给武汉，一定程度缓解了物资紧缺的问题。商务部2020年1月23日与湖北省及武汉市分别建立直接对接工作机制，并统筹协调安徽、江西、河南、湖南、重庆等地商务主管部门，重点保障武汉市生活必需品的市场供应。根据有关地方的要求，紧急联系江苏、山东等地口罩生产企业，协调落实口罩等货源200多万只。

029 防控新冠肺炎疫情期间各级政府应当如何切实保障绿色通道的通畅？

新型冠状病毒疫情发生之后，各地有关部门和基层自治组织为防控疫情采取了许多控制人员流动的措施，取得了积极成果，但其中部分措施实际上超出了相应权限。对于以物理方式切断交通的行为，公安部、交通运输部先后下发通知，要求未经批准不得擅自设卡拦截、断路阻断交通；不得简单采取堆填、挖断等硬隔离方式，阻碍农村公路交通。

2020年1月28日，公安部明确，对未经批准擅自设卡拦截、断路阻断交通等违法行为，要立即报告党委、政府，依法稳妥处置，维护正常交通秩序。并呼吁大家不要选择设置路障的方式封路。

对于在采取交通防控措施时应当如何切实保障绿色通道的通畅，交通运输部于2020年1月30日发布《关于统筹做好新型冠状病毒肺炎疫情防控和交通运输保障工作的紧急通知》，要求坚持"一断三不断"（坚决阻断病毒传播渠道，保障公路交通网络不断、应急运输绿色通道不断、必要的群众生产生活物资的运输通道不断），统筹做好新型冠状病毒肺炎疫情防控和交通运输保障工作；坚持因时因地制宜、分

一、政府及其部门的依法防控举措

类施策，依法科学实施交通运输管控措施；坚持全面统筹，切实保障疫情防控应急运输畅通高效；落实疫情追溯要求，严格做好乘客个人信息保密工作；落实"三不一优先"（防疫应急物资和人员运输车辆"不停车、不检查、不收费"，优先便捷通行），规范开展公路交通管制。此外，根据《行政强制法》的规定，对于给外地回乡人员家门采取上锁封门等强制措施，只能由有权限的行政机关依法实施，各基层自治组织无权擅自实施。

030 发现被新冠病毒污染的公共饮用水源、食品时政府部门可以采取哪些临时控制措施？

《传染病防治法》第五十五条规定，"县级以上地方人民政府卫生行政部门在履行监督检查职责时，发现被传染病病原体污染的公共饮用水源、食品以及相关物品，如不及时采取控制措施可能导致传染病传播、流行的，可以采取封闭公共饮用水源、封存食品以及相关物品或者暂停销售的临时控制措施，并予以检验或者进行消毒。经检验，属于被污染的食品，应当予以销毁；对未被污染的食品或者经消毒后可以使用的物品，应当解除控制措施。"

当县级以上地方人民政府卫生行政部门发现被新型冠状病毒污染的公共饮用水源、食品时，对于公共饮用水源可以采取封闭的临时控制措施，对于食品可以采取封存或者暂停销售的临时控制措施，并予以检验或者进行消毒。食品在检验后应根据检验结果予以销毁或者解除控制措施。为阻止新型冠状病毒的进一步传播、流行，有关单位及个人应当积极配合卫生健康行政部门采取的上述举措。

031 防控新冠肺炎疫情期间乡镇人民政府负有哪些职责？

根据《突发事件应对法》《传染病防治法》《突发公共卫生事件应急条例》《国家突发公共卫生事件应急预案》等相关规定，乡镇人民政府应开展下列传染病防治工作：

一、政府及其部门的依法防控举措

(1) 组织动员：完善有关制度，方便单位和个人参与防治传染病的宣传教育、疫情报告、志愿服务和捐赠活动。

(2) 健康教育：组织开展群众性卫生活动，进行预防传染病的健康教育，倡导文明健康的生活方式，提高公众对传染病的防治意识和应对能力。

(3) 卫生治理：加强环境卫生建设，消除鼠害和蚊、蝇等病媒生物的危害。

(4) 设施建设：有计划地建设和改造公共卫生设施，改善饮用水卫生条件，对污水、污物、粪便进行无害化处置。

(5) 编制预案：根据有关法律、法规、规章、上级人民政府及其有关部门的应急预案以及本地区的实际情况，制定相应的突发事件应急预案。

(6) 物资储备：建立处理突发公共卫生事件的物资和生产能力储备，发生突发公共卫生事件时，根据应急处理工作需要调用储备物资，卫生应急储备物资使用后要及时补充。

(7) 群防群治：组织力量，团结协作，群防群治，协助卫生行政主管部门和其他有关部门、医疗卫生机构做好新型冠状病毒肺炎疫情信息的收集和报告、人员的分散隔离、公共卫生措施的落实工作，向居民、村民宣传传染病防治的相关知识。

032 防控新冠肺炎疫情期间社区小区工作人员上门登记个人信息是否符合法律规定？

《突发事件应对法》第五十五条、第五十七条以及《突发公共卫生事件应急条例》第四十条都规定，"传染病暴发、流行时，街道、乡镇以及居民委员会、村民委员会应当组织力量，团结协作，群防群治，协助卫生行政主管部门和其他有关部门、医疗卫生机构做好疫情信息的收集和报告、人员的分散隔离、公共卫生措施的落实工作，向居民、村民宣传传染病防治的相关知识。"

山东省高级人民法院、人民检察院、公安厅和司法厅四部门联合发布《关于敦促新型冠状病毒感染的肺炎高危重点人员如实登记申报的通告》，以及《上海市人民代表大会常务委员会关于全力做好当前新型冠状病毒感染肺炎疫情防控工作的决定》《北京市人民代表大会常务委员会关于依法防控新型冠状病毒感染肺炎疫情 坚决打赢疫情防控阻击战的决定》《江苏省人民代表大会常务委员会关于依法防控新型冠状病

一、政府及其部门的依法防控举措

毒感染肺炎疫情切实保障人民群众生命健康安全的决定》和《广东省人民代表大会常务委员会关于依法防控新型冠状病毒肺炎疫情切实保障人民群众生命健康安全的决定》都强调个人应当如实提供身体健康情况，如实进行申报登记。其他省市也陆续发布了关于敦促新型冠状病毒感染肺炎重点人员如实登记申报的通告。

根据上述法律的规定，作为基层自治组织的居委会和村委会有职责开展宣传动员工作，组织开展自救行动，而登记个人信息便是其中的一项措施，有助于社区掌握居民的必要情况，对此居民应给予理解和帮助。

033 防控新冠肺炎疫情期间基层自治组织负有哪些职责？

基层自治组织是防控传染病疫情的重要力量。

《突发事件应对法》第五十五条规定，"突发事件发生地的居民委员会、村民委员会和其他组织应当按照当地人民政府的决定、命令，进行宣传动员，组织群众开展自救和互救，协助维护社会秩序。"

第五十七条规定，"突发事件发生地的公民应当服从人民政府、居民委员会、村民委员会或者所属单位的指挥和安排，配合人民政府采取的应急处置措施，积极参加应急救援工作，协助维护社会秩序。"

《突发公共卫生事件应急条例》第四十条规定，"传染病暴发、流行时，街道、乡镇以及居民委员会、村民委员会应当组织力量，团结协作，群防群治，协助卫生行政主管部门和其他有关部门、医疗卫生机构做好疫情信息的收集和报告、人员的分散隔离、公共卫生措施的落实工作，向居民、村民宣传传染病防治的相关知识。"

本次新型冠状病毒肺炎疫情发生以来，各地基层自治组织力量得到了广泛发动，多地基层自治组织的宣传标语、广播等在网络上受到热议。减少人员流动是防控传染病的重要手段，而落实相关措施的关键在于基层。各社区、村委会的排查有助于及时发现和处置可能携带病毒的重点地区返乡人员。我国广大农村地区村委会采取的措施往往更为直接有效，如江苏村民拦阻省委书记的新闻即受到了关注和好评。

上海市新型冠状病毒肺炎疫情防控工作领导小组

一、政府及其部门的依法防控举措

于2020年2月6日召开基层防控专题座谈会,会议指出社区是疫情防控的基础环节,强化社区防控网格化管理,社区应积极采取更加周密精准、更加管用有效的防控措施,全力守护人民群众生命安全和身体健康。在上海社区中,人员进入小区都要进行体温检测,来沪和返沪人员都要进行登记。有些街道在门岗处设置了信息登记和体温检测环节,并开发了微信小程序,扫描二维码就能在手机上填写,实现信息化管理。有些居委会在墙上张贴着居民返沪信息,用不同颜色区分类别,每天更新,一目了然。

也有部分地区的基层自治组织为防控疫情采取了一定程度上的过激举措,其初衷可以理解,但做法可能已超出了法律允许的范围。如部分地区采取物理方式切断道路交通,使得保供、应急等交通运输受阻。对此公安部在2020年1月28日的视频会议中强调,对未经批准擅自设卡拦截、断路阻断交通等违法行为,要立即报告党委、政府,依法稳妥处置,维护正常交通秩序。

034 为防控新冠肺炎疫情火神山医院移交解放军管理使用的法律依据是什么?

《突发事件应对法》第十四条规定,"中国人民解

> 放军、中国人民武装警察部队和民兵组织依照本法和其他有关法律、行政法规、军事法规的规定以及国务院、中央军事委员会的命令，参加突发事件的应急救援和处置工作。"

2020年2月2日上午，武汉市市长和联勤保障部队副司令员在武汉火神山新型冠状病毒感染肺炎专科医院签署互换交接文件，标志着该医院移交给军队支援湖北医疗队管理使用。这支肩负重要使命的医疗团队，包括950位从联勤保障部队所属医院抽调的医护人员，他们是来自全军不同医疗单位的抗疫尖兵，有不少人曾参加抗击非典型肺炎任务，以及援助塞拉利昂、利比里亚抗击埃博拉疫情任务，传染病救治经验丰富。解放军对于火神山医院的接管不仅体现了专业性，还体现了高度的合法性。此次移交正是《突发事件应对法》中规定的解放军积极参加突发事件的应急救援工作的体现。此外，2020年1月25日，解放军3支医疗队已经分别奔赴金银潭医院、汉口医院、武昌医院等3家收治任务最重的定点医院开展疫情防控和救治工作；1月26日，解放军医疗队进驻重症监护室，对危重患者进

一、政府及其部门的依法防控举措

行规范救护。

2月12日晚,空军出动6架运-20、3架伊尔-76、2架运-9共3型11架运输机,分别从乌鲁木齐等7个机场起飞,向武汉紧急空运军队支援湖北医疗队队员和物资。截至2月12日,军队共派出3批次4 000余名医护人员支援武汉抗击新冠肺炎疫情,国家共派出190支医疗队、23 103名医疗队员支援湖北疫情防控。

035 防控新冠肺炎期间政府部门应如何改善一线医务人员工作条件?

防控新冠肺炎疫情期间,一线医务人员面临着工作任务重、感染风险高、工作和休息条件有限、工作压力大等诸多困难,因此,政府部门应当通过多种途径,关心医务人员的身心健康并切实改善医务人员的工作条件。

2020年2月10日,国务院办公厅转发国家卫健委、人社部、财政部《关于改善一线医务人员工作条件切实关心医务人员身心健康若干措施的通知》（国办发〔2020〕4号），要求从改善医务人员工作条件、维护医务人员身心健康等七大方面，充分保障一线医务工作者权益。具体措施如下：

（1）**改善医务人员工作和休息条件**。加强医务人员职业暴露的防护设施建设和设备配置，重点改造医生办公室、值班室和休息室。为医务人员提供良好后勤服务，保障医务人员充足的睡眠和饮食；

（2）**维护医务人员身心健康**。合理安排医务人员作息时间。对于因执行疫情防控不能休假的医务人员，在防控任务结束后，由所在医疗卫生机构优先安排补休。允许需要紧急补充医护人员等疫情防控工作人员的相关医疗卫生机构简化招聘程序。加强医务人员个人防护，组织做好一线医务人员健康体检，最大限度减少院内感染。加强心理危机干预和心理疏导，减轻医务人员心理压力；

（3）**落实医务人员待遇**。为疫情防控一线医务人员和防疫工作者发放临时性工作补助。根据2016年11月11日发布的《人力资源社会保障部 财政部关于建立传染病疫情防治人员临时性工作补助的通知》（人社部规〔2016〕4号）规定，"对于直接参与国内

一、政府及其部门的依法防控举措

传染病类突发公共卫生事件的一线工作人员，以及政府选派直接参与国外重大传染病疫情防治工作的医疗和公共卫生等防控人员，根据防治工作性质、风险程度等因素，传染病疫情防治人员临时性工作补助分为两类共四档：一类一档、一类二档、二类一档、二类二档。补助标准分别为每人每天300元、200元、100元、50元。"且"甲类（或参照甲类管理）传染病引发的级（一般）及以上突发公共卫生事件一线应急处置视作'一类'，负责直接接触待排查病例或确诊病例，诊断、治疗、护理、医院感染控制、病例样板采集和病原检测，染疫和同群动物、相关动物尸体和污染物无害化处理等工作者视为'一类一档'、其他工作视为'一类二档'"。同时财政部、国家卫健委于2020年1月25日发布的《财政部国家卫生健康委关于新型冠状病毒感染肺炎疫情防控有关经费保障政策的通知》（财社〔2020〕2号），也作出了同样的规定。

（4）提高卫生防疫津贴标准。对参与新冠肺炎疫情防疫人员，要及时足额发放到位；

（5）加强对医务人员的人文关怀。动员组织社会力量，对一线医务人员展开慰问。为一线医务人员和家属建立沟通联络渠道。对家庭困难的一线医务人员家属进行对口帮扶；

（6）创造更加安全的执业环境。严格落实各项安全防范措施，加大警力投入，完善问责机制。国家卫生健康委、最高人民法院、最高人民检察院、公安部于2020年2月7日联合发布的《关于做好新型冠状病毒肺炎疫情防控期间保障医务人员安全维护良好医疗秩序的通知》（国卫医函〔2020〕43号）规定，"对发现有歧视孤立一线医务人员及其家属行为的，要及时进行批评教育，情节严重的依法予以处理。对伤害医务人员的，要坚决依法严肃查处。"

（7）弘扬职业精神做好先进表彰工作。做好及时奖励和及时性表彰工作，为做好疫情防控工作增强信心、凝聚力量。

防控新冠肺炎疫情期间，我国广大医务人员为保障人民群众生命健康做出了重大贡献。因此，政府部门更要不遗余力地为一线医务人员提供充分保障。

一、政府及其部门的依法防控举措

036 防控新冠肺炎疫情期间财政部门对于捐赠者、医务工作者等有哪些税收优惠？

税务总局于2020年2月6日发布《关于支持新型冠状病毒感染的肺炎疫情防控有关捐赠税收政策的公告》（税务总局公告2020年第9号），该公告表示，"一、企业和个人通过公益性社会组织或者县级以上人民政府及其部门等国家机关，捐赠用于应对新型冠状病毒肺炎疫情的现金和物品，允许在计算应纳税所得额时全额扣除；二、企业和个人直接向承担新型冠状病毒肺炎疫情防治任务的医院捐赠用于应对新型冠状病毒肺炎疫情的物品，允许在计算应纳税所得额时全额扣除。"

税务总局于同日发布的《关于支持新型冠状病毒感染的肺炎疫情防控有关个人所得税政策的公告》（税务总局公告2020年第10号），<u>更明确地回答了给予医务工作者的税收优惠问题</u>。该公告表示，"为鼓励社会各界踊跃捐款捐物，缓解医疗救助物资资金的压力，一方面加大现有政策的力度，扩大接收捐赠的单位范围，允许直接向医院捐赠享受优惠。同时取消税前扣除比例的限制，对企业和个人捐赠给予全额的税前扣除。另一方面，免征货物捐赠的

79

增值税、消费税等有关税费的政策。此外，对参加新型冠状病毒肺炎疫情防治工作的医务人员和防疫工作者临时性的工作补助、奖金给予免征个人所得税的政策。"

本次新冠病毒疫情防控的公益性捐赠不受企业年度利润总额12%、个人应纳税所得额30%的限制，都可以在所得税前扣除。但是，没有规定公益性社会组织无须获得捐赠税前扣除资格，所以还是要遵循财税〔2018〕15号的规定，企业捐给有扣除资格的公益性组织才可以扣除。除公益性组织和县级以上政府以外，直接捐赠物品给承担新型冠状病毒肺炎疫情防治任务的医院（仅限物品），也可以在所得税前全额扣除。

037 防控新冠肺炎疫情期间民政部门是否有权取消特定日期的结婚登记办理？

受新型冠状病毒肺炎疫情影响，2020年1月31日民政部建议取消2020年2月2日结婚登记，上

一、政府及其部门的依法防控举措

海、北京等多地纷纷取消了当地2月2日结婚登记的办理。

2020年2月2日本属周末,但因恰逢农历庚子年正月初九,且为少有的"对称日",不少新人希望在这一天登记结婚。故多地民政局为满足部分准新人的需求,曾决定2月2日当天开放结婚登记的办理。但由于疫情暴发,多地已下发通知,要求暂停组织容易引起人员聚集的活动。例如南京市新型冠状病毒感染的肺炎防控工作指挥部于1月24日发布《关于加强公共场所管理的通告》,要求原则上停止举办各类大型公众聚集性活动。由于民政局该日预约量已超过日常登记量的数倍,出于确保疫情防控,保护新人健康的考量,多地民政局最终根据当地有关部门的通告,作出了取消当日加班办理结婚登记的决定。因此,希望广大市民理解。市民的不出门,少出门就是对防控疫情的最大贡献。

 038 防控新冠肺炎疫情期间政府是否有权要求经营者停产停业?

《传染病防治法》第四十二条规定,"传染病暴发、流行时，县级以上地方人民政府应当立即组织力量，按照预防、控制预案进行防治，切断传染病的传播途径，必要时，报经上一级人民政府决定，可以采取下列紧急措施并予以公告：

（一）限制或者停止集市、影剧院演出或者其他人群聚集的活动；

（二）停工、停业、停课；

（三）封闭或者封存被传染病病原体污染的公共饮用水源、食品以及相关物品；

（四）控制或者扑杀染疫野生动物、家畜家禽；

（五）封闭可能造成传染病扩散的场所。

上级人民政府接到下级人民政府关于采取前款所列紧急措施的报告时，应当即时作出决定。

紧急措施的解除，由原决定机关决定并宣布。"

《国家突发公共卫生事件应急预案》第4.2节"应急反应措施"也作出了相同规定。

为应对新冠病毒疫情，各地已经采取了多种紧急措施，如推迟非应急企业开工时间、部分政府及事业单位采取弹性工作制、要求餐饮娱乐场所停业等。

一、政府及其部门的依法防控举措

根据《治安管理处罚法》第五十条的规定,"有下列行为之一的,处警告或者二百元以下罚款;情节严重的,处五日以上十日以下拘留,可以并处五百元以下罚款:(一)拒不执行人民政府在紧急状态情况下依法发布的决定、命令的。"

对违反上述决定、命令的相关主体,政府有权进行处罚。

039 防控新冠肺炎疫情期间有关单位征用了其他单位救援物资该如何补偿?

《传染病防治法》第四十五条第二款规定,"紧急调集人员的,应当按照规定给予合理报酬。临时征用房屋、交通工具以及相关设施、设备的,应当依法给予补偿;能返还的,应当及时返还。"

《突发事件应对法》第六十三条第八款规定,"不及时归还征用的单位和个人的财产,或者对被征用财产的单位和个人不按规定给予补偿的，将根据情节对直接负责的主管人员和其他直接责任人员依法给予处分。"

具体的征用方式、程序和补偿由各地规定。《上海市实施〈中华人民共和国突发事件应对法〉办法》第三十五条规定，"市和区、县人民政府及其有关部门为应对突发事件依法征用单位或者个人财产的，应当向被征用财产的单位或者个人发出应急征用凭证。紧急情况下无法当场签发凭证的，应当在应急处置结束后补发凭证。

应急征用凭证应当载明应急征用的依据、事由、被征用财产的名称及数量、被征用财产者的单位名称或者姓名、实施征用单位的名称及联系方式等要素。

实施应急征用的单位在使用完毕或者突发事件处置工作结束后，应当及时返还被征用的财产；征用财产或者财产征用后毁损、灭失的，应当依法予以补偿。"

《上海市应对突发事件应急征用补偿实施办法》第九条规定，"实施应急征用单位应当在收到书面补偿申请10个工作日内，组织开展补偿金额认定。对被征用物资、场所的毁损或灭失等情况，邀请被征用单位或者个人参与补偿金额核定，或者委托双方认可的具备相应资质的中介机构进行评估，评估费用由实施应急

一、政府及其部门的依法防控举措

征用的单位承担。"

第十条规定,"补偿形式原则上采用资金补偿。实施应急征用单位与被征用单位或个人另有约定的,可采用实物补偿等其他形式,补偿价值应当与资金补偿相当。"

单位或个人的相关物资或场所被政府及其有关部门征用时,有关各方应当给予理解和支持。

040 防控新冠肺炎疫情期间有关单位或个人是否可以直接公开发布个人隐私信息?

《传染病防治法》第十二条第一款规定,"在中华人民共和国领域内的一切单位和个人,必须接受疾病预防控制机构、医疗机构有关传染病的调查、检验、采集样本、隔离治疗等预防、控制措施,如实提供有关情况。"

有关单位和个人对个人隐私信息应当保密,不得公开。2020年2月4日,中央网络安全和信息化委员会办公室发布《关于做好个人信息保护利用大数据支撑联防联控工作的通知》(简称《通知》),《通知》第三条规定,"为新型冠状病毒肺炎疫情防控、疾病防治收集的个人信息,不得用于其他用途。任何单位和个人未经被收集者同意,不得公开姓名、年龄、身份证号码、电话号码、家庭住址等个人信息,因联防联控工作需要,且经过脱敏处理的除外。"《通知》第四条规定,"收集或掌握个人信息的机构要对个人信息的安全保护负责,采取严格的管理和技术防护措施,防止被窃取、被泄露。"《通知》第六条规定,"任何组织和个人发现违规违法收集、使用、公开个人信息的行为,可以及时向网信、公安部门举报。网信部门要依据《中华人民共和国网络安全法》和相关规定,及时处置违规违法收集、使用、公开个人信息的行为,以及造成个人信息大量泄露的事件;涉及犯罪的公安机关要依法严厉打击。"

疾病预防控制机构、医疗机构不得泄露涉及个人隐私的有关信息、资料。其他有关单位自身及利用相

一、政府及其部门的依法防控举措

关教育、电信、交通运输、互联网平台等单位收集的个人隐私信息，均属于其基于自身职能并利用大数据手段为新型冠状病毒肺炎疫情防控、人员物资管制等所收集，仍应履行保护公民个人信息与隐私的责任。违法者应当承担相应责任。

防控疫情时不忘守法！

041 防控新冠肺炎疫情期间各地党委政府对疫情防控不力的工作人员应当如何处理？

《突发事件应对法》第六十三条规定，"地方各级人民政府和县级以上各级人民政府有关部门违反本法规定，不履行法定职责的，由其上级行政机关或者监察机关责令改正；有下列情形之一的，根据情节对直接负责的主管人员和其他直接责任人员依法给予处分：

（一）未按规定采取预防措施，导致发生突发事件，或者未采取必要的防范措施，导致发生次生、衍生事件的；

（二）迟报、谎报、瞒报、漏报有关突发事件的信息，或者通报、报送、公布虚假信息，造成后果的；

（三）未按规定及时发布突发事件警报、采取预警期的措施，导致损害发生的；

（四）未按规定及时采取措施处置突发事件或者处置不当，造成后果的；

（五）不服从上级人民政府对突发事件应急处置工作的统一领导、指挥和协调的；

（六）未及时组织开展生产自救、恢复重建等善后工作的；

（七）截留、挪用、私分或者变相私分应急救援资金、物资的；

（八）不及时归还征用的单位和个人的财产，或者对被征用财产的单位和个人不按规定给予补偿的。"

本次新冠肺炎疫情发生以来，涌现了大批疫情防控得力的优秀人物，但也存在一些不作为或不按规定作为的国家公职人员。全国各地已经通报多起公职人员、党员干部因防控不力被依法处理的事件。例如，2020年1月28日，天津市有关部门通报，天津市卫健委王某在新型冠状病毒感染的肺炎疫情防控工作中严重失职失责，造成严重不良影响，依据《中国共产党纪律处分条例》《中华人民共和国监察法》等有关规

一、政府及其部门的依法防控举措

定，经中共天津市纪委常委会会议研究并报中共天津市委批准，决定给予王某留党察看两年处分；由天津市监委给予其政务撤职处分。这是在本次疫情防控中因防控不力，当时被处分级别最高的官员。还有1月30日晚"一问三不知"的黄冈市卫健委主任被免职、湖北红十字会多位领导被纪律处分等相关案例。2月10日，湖北省委常委会决定，免去张某的省卫生健康委员会党组书记职务；免去刘某的省卫生健康委员会主任职务，由新到任的省委常委王贺胜同志兼任。

抗疫容不得半点马虎。习近平总书记多次强调要始终把人民群众生命安全和身体健康放在第一位，国务院也多次强调，对防疫工作不敢担当、作风飘浮、落实不力的，甚至弄虚作假、失职渎职的，要严肃问责。中组部在2020年1月30日发出通知强调要及时调整不胜任干部，最高检也下发通知，提出要严格执行传染病防治法和刑法的有关规定，严惩隐瞒、谎报疫情，未及时采取预防、控制措施造成疫情扩散等失职犯罪。

2020年2月13日，中纪委常委会召开会议，要求要严格执纪执法、追责问责，依规依纪依法查出敷衍塞责、弄虚作假、推诿扯皮、消极应付和贪污侵占挪用救援款物等失职渎职等违法违纪问题。要着力纠治形式主义、官僚主义，严肃查处不担当不作为乱作为的问题。同日，湖北省委及武汉市委主要领导被调整。

042 防控新冠肺炎疫情期间对疫情隐瞒、谎报、缓报的政府有关部门应承担何种责任？

《传染病防治法》第三十七条规定，"依照本法的规定负有传染病疫情报告职责的人民政府有关部门、疾病预防控制机构、医疗机构、采供血机构及其工作人员，不得隐瞒、谎报、缓报传染病疫情。"

第六十五条规定，"地方各级人民政府未依照本法的规定履行报告职责，或者隐瞒、谎报、缓报传染病疫情，或者在传染病暴发、流行时，未及时组织救治、采取控制措施的，由上级人民政府责令改正，通报批评；造成传染病传播、流行或者其他严重后果的，对负有责任的主管人员，依法给予行政处分；构成犯罪的，依法追究刑事责任。"

第六十六条规定，"县级以上人民政府卫生行政部门违反本法规定，有下列情形之一的，由本级人民政府、上级人民政府卫生行政部门责令改正，通报批评；造成传染病传播、流行或者其他严重后果的，对负有责任的主管人员和其他直接责任人员，依法给予行政处分；构成犯罪的，依法追究刑事责任：

（一）未依法履行传染病疫情通报、报告或者公布职责，或者隐瞒、谎报、缓报传染病疫情的；

一、政府及其部门的依法防控举措

（二）发生或者可能发生传染病传播时未及时采取预防、控制措施的；

（三）未依法履行监督检查职责，或者发现违法行为不及时查处的；

（四）未及时调查、处理单位和个人对下级卫生行政部门不履行传染病防治职责的举报的；

（五）违反本法的其他失职、渎职行为。"

2020年1月26日，李克强总理主持召开中央应对新型冠状病毒感染肺炎疫情工作领导小组会议，进一步部署疫情防控工作，强调要及时公开透明发布疫情防控信息。对缓报、瞒报、漏报的要严肃追责。主动回应社会关切。

043 防控新冠肺炎疫情期间未能完成疫情防控所需物资生产、储备和供应的有关部门应承担何种责任？

《突发公共卫生事件应急条例》第四十六条规定，"国务院有关部门、县级以上地方人民政府及其有关部门未依照本条例的规定，完成突发事件应急处理所需要的设施、设备、药品和医疗器械等物资的生产、供应、运输和储备的，对政府主要领导人和政府部门主要负责人依法给予降级或者撤职的行政处分；造成传染病传播、流行或者对社会公众健康造成其他严重危害后果的，依法给予开除的行政处分；构成犯罪的，依法追究刑事责任。"

本次新冠病毒肺炎疫情发生以来，各级政府及有关部门正在积极协调所需物资的生产、供应、运输和储备，但也有部分地区出现了物资调配不力、不公开、不透明等问题。2020年2月4日，湖北省纪委监察委宣布，经调查，省红十字会有关领导和干部在疫情防控期间接收和分配捐赠款物工作中存在不担当不作为、违反"三重一大"规定、信息公开错误等失职失责问题，决定对省红十字会党组成员、专职副会长张某，党组成员陈某，党组书记、常务副会长高某等进行相应处分；省红十字会其他责任人员按照干部管理权限由有关党组织依纪依规处理。体现了我国法治建设强化监督执纪，严肃追责问责，切实为疫情防控工作提供坚强有力的纪律保障。

一、政府及其部门的依法防控举措

044 防控新冠肺炎疫情期间有关单位有权推迟开学、复工时间吗？

《传染病防治法》第四十二条规定，"传染病暴发、流行时，县级以上地方人民政府应当立即组织力量，按照预防、控制预案进行防治，切断传染病的传播途径，必要时，报经上一级人民政府决定，可以采取下列紧急措施并予以公告：(一)可以限制或者停止集市、影剧院演出或者其他人群聚集的活动；(二)停工、停业、停课等。"

2020年1月26日，国务院办公厅决定将2020年春节假期延长至2月2日，各地大专院校、中小学、幼儿园推迟开学。

2020年1月27日，上海市人民政府发布的《关于延迟本市企业复工和学校开学的通知》强调，"本市区域内各类企业不早于2月9日24时前复工；上海各级各类学校（高校、中小学、中职学校、幼儿园、托儿所等）2月17日前不开学。"

2020年2月5日，上海市疫情防控工作领导小组新闻发布会表示，"现在，根据疫情发展情况，为确保学生安全，决定本市各级各类学校2月底前不开学，并将密切跟踪疫情发展，及时作出研判。开学时间一经确定，将提前向社会公布，以留出时间方便师生家长作出合理安排。"

延长假期、推迟开学，一些地区陆续公布的防控措施中还包括停工、停业、停课及封闭相关场所等，均符合法律规定，这些措施可以更好地避免人群聚集和大量人流跨区域迁移导致的新型冠状病毒传播。

045 政府依法取消防控新冠肺炎疫情的紧急措施应该具备哪些条件？

《传染病防治法实施办法》第五十四条规定，"撤销采取《传染病防治法》（1989）第二十五条紧急措施的条件是：

（一）甲类传染病病人、病原携带者全部治愈，乙类传染病病人、病原携带者得到有效的隔离治疗；病人尸体得到严格消毒处理；

（二）污染的物品及环境已经过消毒等卫生处理；有关病媒昆虫、染疫动物基本消除；

（三）暴发、流行的传染病病种，经过最长潜伏期后，未发现新的传染病病人，疫情得到有效的控制。"

一、政府及其部门的依法防控举措

只有在《传染病防治法实施办法》第五十四条规定的三方面条件均满足的情况下，政府才可以取消为防控新型冠状病毒肺炎疫情所采取的各种紧急措施。相信在党中央、国务院的正确领导下，取消为防控新型冠状病毒肺炎疫情所采取的各种紧急措施的时间即将到来。

046 战胜新冠肺炎疫情后政府如何依法保障因疫情遭受损失的地区及居民？

《突发事件应对法》第六十条规定，"受突发事件影响地区的人民政府开展恢复重建工作需要上一级人民政府支持的，可以向上一级人民政府提出请求。上一级人民政府应当根据受影响地区遭受的损失和实际情况，提供资金、物资支持和技术指导，组织其他地区提供资金、物资和人力支援。"

第六十一条规定，"国务院根据受突发事件影响地区遭受损失的情况，制定扶持该地区有关行业发展的优惠政策。受突发事件影响地区的人民政府应当根据本地区遭受损失的情况，制定救助、补偿、抚慰、抚恤、安置等善后工作计划并组织实施，妥善解决因处置突发事件引发的矛盾和纠纷。公民参加应急救援工作或者协助维护社会秩序期间，其在本单位的工资待遇和福利不变；表现突出、成绩显著的，由县级以上人民政府给予表彰或者奖励。县级以上人民政府对在应急救援工作中伤亡的人员依法给予抚恤。"

2020年2月7日，国务院应对新型冠状病毒感染的肺炎疫情联防联控机制举行新闻发布会，财政部副部长在新闻发布会上表示，截至2020年2月6日，财政部会同有关部门已经出台十余条财税支持措施，明确患者治疗费用，对确诊患者个人负担费用实行财政兜底，中央财政补助60%。对疑似患者，由就医地制定财政补助政策，中央财政视情给予适当补助。2020年2月1日，中国人民银行联合四部门发布《关于进一步强化金融支持防控新型冠状病毒感染肺炎疫情的通知银发〔2020〕29号》，要求为受疫情影响较大的地区、行业和企业提供差异化优惠的金融服务。上海市人民政府于2020年2月7日颁布的《上海市全力防

一、政府及其部门的依法防控举措

控疫情支持服务企业平稳健康发展的若干政策措施》同样提出二十八条举措全力支持企业抗击疫情,切实减轻企业负担,加大财税金融支持力度,实施援企稳岗政策,着力优化企业服务,切实做好新形势下的"六稳"工作。这些举措体现了党和国家根据受到疫情突发事件影响地区的情况,提出有助于该地区行业发展的优惠政策。

047 战胜新冠肺炎疫情后各级政府需要如何进行恢复重建工作?

《突发事件应对法》第五十八条规定,"突发事件的威胁和危害得到控制或者消除后,履行统一领导职责或者组织处置突发事件的人民政府应当停止执行依照本法规定采取的应急处置措施,同时采取或者继续实施必要措施,防止发生自然灾害、事故灾难、公共卫生事件的次生、衍生事件或者重新引发社会安全事件。"

第五十九条规定,"突发事件应急处置工作结束后,履行统一领导职责的人民政府应当立即组织对突发事件造成的损失进行评估,<mark>组织受影响地区尽快恢复生产、生活、工作和社会秩序,制定恢复重建计划,</mark>

并向上一级人民政府报告。

受突发事件影响地区的人民政府应当及时组织和协调公安、交通、铁路、民航、邮电、建设等有关部门恢复社会治安秩序,尽快修复被损坏的交通、通信、供水、排水、供电、供气、供热等公共设施。"

第六十二条规定,"履行统一领导职责的人民政府应当及时查明突发事件的发生经过和原因,总结突发事件应急处置工作的经验教训,制定改进措施,并向上一级人民政府提出报告。"

在战胜本次疫情后,各级政府需要根据上述法律规定采取各类措施保障社会平稳运行,并确定恢复重建计划,尽快恢复生产、生活、工作和社会秩序,并根据疫情总结经验和教训,制定更加详细和高效的应急预案。

048 在非疫情时期各级政府及社会各界应该如何协助公众了解传染病防控知识?

《突发事件应对法》第二十九条规定,"县级人民

一、政府及其部门的依法防控举措

政府及其有关部门、乡级人民政府、街道办事处应当组织开展应急知识的宣传普及活动和必要的应急演练。**居民委员会、村民委员会、企业事业单位应当根据所在地人民政府的要求，结合各自的实际情况，开展有关突发事件应急知识的宣传普及活动和必要的应急演练。新闻媒体应当无偿开展突发事件预防与应急、自救与互救知识的公益宣传。"**

第三十条规定，"各级各类学校应当把应急知识教育纳入教学内容，对学生进行应急知识教育，培养学生的安全意识和自救与互救能力。教育主管部门应当对学校开展应急知识教育进行指导和监督。"

《基本医疗卫生与健康促进法》第四条第三款规定，"国家建立健康教育制度，保障公民获得健康教育的权利，提高公民的健康素养。"

《突发公共卫生事件应急条例》第十八条规定，"县级以上地方人民政府卫生行政主管部门，应当定期对医疗卫生机构和人员开展突发事件应急处理相关知识、技能的培训，定期组织医疗卫生机构进行突发事件应急演练，推广最新知识和先进技术。"

《上海市实施〈中华人民共和国突发事件应对法〉办法》第七条规定，"居民委员会、村民委员会应当按照所在地人民政府的决定和要求，结合实际情况开展应急知识宣传和应急演练。"

我国各级政府已经依法不定时开展相应活动，协助公众了解突发事件防护知识。根据《突发事件应对法》的规定，要开展有关突发事件应急知识的宣传普及活动和必要的应急演练，让应急知识走进农村、学校、社区、街道和厂矿。

049 我国现行法律对严禁野生动物交易和禁食野生动物有哪些规定？

2020年2月3日，习近平总书记在中央政治局常委会会议研究应对新型冠状病毒肺炎疫情工作讲话时明确指出，要加强法治建设，认真评估传染病防治法、野生动物保护法等法律法规的修改完善，还要抓紧出台生物安全法等法律。2月5日，习近平总书记在全面依法治国委员会第三次会议上发表重要讲话，强调要加大对疫情防控行为的执法司法力度，严格执行传染病防治法及其实施条例、野生动物保护法、动物防疫法、突发公共卫生事件应急条例等法律法规，依法实施疫情防控及应急处理措施。

一、政府及其部门的依法防控举措

《野生动物保护法》和《陆生野生动物保护实施条例》针对严禁野生动物交易和禁食野生动物,主要有以下规定:

《野生动物保护法》第十八条规定,"有关地方人民政府应当采取措施,预防、控制野生动物可能造成的危害,保障人畜安全和农业、林业生产。"

第二十七条规定,"禁止出售、购买、利用国家重点保护野生动物及其制品。

因科学研究、人工繁育、公众展示展演、文物保护或者其他特殊情况,需要出售、购买、利用国家重点保护野生动物及其制品的,应当经省、自治区、直辖市人民政府野生动物保护主管部门批准,并按照规定取得和使用专用标识,保证可追溯,但国务院对批准机关另有规定的除外。

实行国家重点保护野生动物及其制品专用标识的范围和管理办法,由国务院野生动物保护主管部门规定。

出售、利用非国家重点保护野生动物的,应当提供狩猎、进出口等合法来源证明。

出售本条第二款、第四款规定的野生动物的,还应当依法附有检疫证明。"

第三十条规定,"禁止生产、经营使用国家重点保护野生动物及其制品制作的食品,或者使用没有合法来源证明的非国家重点保护野生动物及其制品制作的食品。

禁止为食用非法购买国家重点保护的野生动物及其制品。"

第四十九条规定,"违反本法第三十条规定,生产、经营使用国家重点保护野生动物及其制品或者没有合法来源证明的非国家重点保护野生动物及其制品制作食品,或者为食用非法购买国家重点保护的野生动物及其制品的,由县级以上人民政府野生动物保护主管部门或者市场监督管理部门按照职责分工责令停止违法行为,没收野生动物及其制品和违法所得,并处野生动物及其制品价值二倍以上十倍以下的罚款;构成犯罪的,依法追究刑事责任。"

《陆生野生动物保护实施条例》第二十六条规定,"禁止在集贸市场出售、收购国家重点保护野生动物或者其产品。

持有狩猎证的单位和个人需要出售依法获得的非国家重点保护野生动物或者其产品的,应当按照狩猎证规定的种类、数量向经核准登记的单位出售,或者在当地人民政府有关部门指定的集贸市场出售。"

一、政府及其部门的依法防控举措

2020年2月11日,《广东省人民代表大会常务委员会关于依法防控新型冠状病毒肺炎疫情切实保障人民群众生命健康安全的决定》规定,"严禁农贸市场、餐饮单位、商场超市、电商平台等交易、消费场所开展野生动物交易、消费活动。"要求"革除滥食野生动物的陋习,不得滥食野生动物,养成文明、卫生的饮食习惯"。2020年2月14日,《天津市人民代表大会常务委员会关于禁止食用野生动物的决定》发布,对禁止生产、经营利用、食用的野生动物范围、经营者的义务以及违反义务承担的法律责任、相关政府机构的监管责任进行规范。

本次新型冠状病毒肺炎疫情之源指向武汉华南海鲜市场,被高度怀疑与野生动物交易有关。2020年1月26日,中国疾病预防控制中心对外宣布,从武汉华南海鲜市场的环境样本中检测到新型冠状病毒,病毒来源于该海鲜市场销售的野生动物。为防控疫情,中央到地方全面发布并执行了<u>严格的野生动物管控措施</u>。湖北、上海、浙江等地均出台政策,紧急叫停野生动物交易。除了禁止野生动物交易外,一些省市还停止了活禽交易。上海市要求2020年1月25日至2020年4月30日实行季节性暂停活禽交易。云南省禁止竹鼠、獾等可能携带新型冠状病毒的野生动物转运贩卖、进入市场销售,并要求严格落实当地农贸市场活禽禁售政策。

050 我国立法应该如何规范野生动物捕获、运输和食用等行为?

《动物防疫法》第四十七条规定,"人工捕获的可能传播动物疫病的野生动物,应当报经捕获地动物卫生监督机构检疫,经检疫合格的,方可饲养、经营和运输。"

人工捕获的野生动物,未经检疫合格,不得饲养、经营和运输。出售、运输、携带、寄递有关野生动物及其制品的过程中未附有检疫证明的,由动物卫生监督机构责令改正并处以罚款;由此导致动物疫病传播、流行等给他人人身、财产造成损害的,将依法承担民事责任。

野生动物捕获、运输和食用过程中存在的问题严重威胁公共卫生安全,社会各方面对此反映强烈。

一、政府及其部门的依法防控举措

2020年2月10日,全国人大常委会法工委已经着手部署启动野生动物保护法的修改工作,拟将修改《野生动物保护法》列入常委会今年的立法工作计划,并加快《动物防疫法》等法律的修改进程,加大打击和惩治乱捕滥食野生动物行为的力度。

051 新冠肺炎疫情防控期间因"封城"等防疫措施致使诉讼、行政复议、仲裁等活动不能进行时,应该如何处理?

《突发事件应对法》第十三条规定,"因采取突发事件应对措施,诉讼、行政复议、仲裁活动不能正常进行的,适用有关时效中止和程序中止的规定。"

本次疫情防控过程中,各地机关也纷纷出台指引文件。2020年1月29日,北京市高级人民法院制定《关于为坚决打赢新型冠状病毒感染肺炎疫情防控阻击战提供有力司法服务和保障的意见》,要求"全市各法院要根据疫情防控需要,合理安排审判执行工作,该延期审理的案件依法延期审理,不组织开展集中执行、夜间执行等行动。为减少人员流动和聚集，对依法可以进行书面审理的案件，尽量采用书面审理方式。对拟安排开庭、接待当事人的案件，要认真排查当事人和其他诉讼参与人相关情况。不能排除疫情传播风险的，应当延期开庭、延期开展其他工作，并告知当事人，做好解释疏导工作。对当事人因疫情防控申请延期开庭的，应当予以准许，并告知对方当事人"。

内蒙古自治区2020年2月1日出台的《关于新型冠状病毒感染肺炎防控期间行政复议仲裁活动有关问题的指引（二）》规定，"因疫情防控需要，致使行政复议机构不能正常开展调查核实证据工作，不能召开行政复议听证会、论证会、协调会等审理活动，或者当事人及其代理人因前述原因不能参加行政复议，以及仲裁机构不能依法开庭审理案件的，根据《中华人民共和国突发事件应对法》第十三条'因采取突发事件应对措施，诉讼、行政复议、仲裁活动不能正常进行的，适用有关时效中止和程序中止的规定，但法律另有规定的除外'和《中华人民共和国行政复议法实施条例》第四十一条之规定，行政复议机构、仲裁机构可以依法中止行政复议和仲裁。"

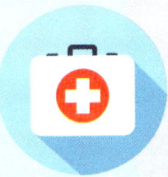

二、医疗机构和疾控机构的依法防治措施

052 医疗机构应如何依法处置新冠肺炎病人、疑似病人及他们的密切接触者？

《传染病防治法》第三十九条第一款规定，"医疗机构发现甲类传染病时，应当及时采取下列措施：

（一）对病人、病原携带者，予以隔离治疗，隔离期限根据医学检查结果确定；

（二）对疑似病人，确诊前在指定场所单独隔离治疗；

（三）对医疗机构内的病人、病原携带者、疑似病人的密切接触者，在指定场所进行医学观察和采取其他必要的预防措施。"

国家卫健委于2020年1月20日发布的第1号公告已将本次新型冠状病毒感染的肺炎纳入《传染病防治法》中规定的乙类传染病，并规定采取甲类传染病的预防、控制措施。因此医疗机构应当按照《传染病防治法》第三十九条第一款的规定，对新型冠状病毒肺炎病人、病原携带者及时予以隔离治疗，对新型冠状病毒肺炎疑似病人及时在指定场所单独隔离治疗，对

二、医疗机构和疾控机构的依法防治措施

医疗机构内的新型冠状病毒肺炎病人、病原携带者、疑似病人的密切接触者及时在指定场所进行医学观察和采取其他必要的预防措施。

2020年1月20日,武汉市政府开始在61家医院规范设置发热门诊,实行24小时接诊,并将发热门诊情况予以公布,方便市民就近就医。各发热门诊根据不断更新的《新型冠状病毒感染的肺炎诊疗方案》的诊断标准,及时确定疑似病例,视病人病情实施在门诊留观、入院隔离治疗或转至基层医疗机构隔离观察。其他各地区的医疗机构也都及时对患者采取了隔离治疗等措施,推动了疫情防控工作的依法有序开展。

053 医疗机构在对新冠肺炎病例的救治过程中应该遵守基本规范有哪些?

《传染病防治法》第五十一条规定,"医疗机构的基本标准、建筑设计和服务流程,应当符合预防传染病医院感染的要求。

医疗机构应当按照规定对使用的医疗器械进行消毒;对按照规定一次使用的医疗器具,应当在使用后予以销毁。

医疗机构应当按照国务院卫生行政部门规定的传染病诊断标准和治疗要求，采取相应措施，提高传染病医疗救治能力。"

第五十二条规定，"医疗机构应当对传染病病人或者疑似传染病病人提供医疗救护、现场救援和接诊治疗，书写病历记录以及其他有关资料，并妥善保管。

医疗机构应当实行传染病预检、分诊制度；对传染病病人、疑似传染病病人，应当引导至相对隔离的分诊点进行初诊。医疗机构不具备相应救治能力的，应当将患者及其病历记录复印件一并转至具备相应救治能力的医疗机构。具体办法由国务院卫生行政部门规定。"

为防控新型冠状病毒肺炎，医疗机构应当依照《传染病防治法》第五十一条的规定保证其**基本标准、建筑设计和服务流程**符合预防传染病医院感染的要求，按照规定**处理使用的医疗器械**，采取相应措施应按照国家卫健委规定的**传染病诊断标准和治疗要求**。国家卫健委先后发布更新版本的《新型冠状病毒感染的肺炎诊疗方案》，提高传染病医疗救治能力。同时医疗机构在新型冠状病毒肺炎病例的医疗救治过程中应当**严格遵守《传染病防治法》第五十二条**规定的流程和制度。

二、医疗机构和疾控机构的依法防治措施

054 为查找病因医疗机构依法是否有权对新冠肺炎病人或疑似病人的尸体进行解剖？

《传染病防治法》第四十六条第二款规定，"为了查找传染病病因，医疗机构在必要时可以按照国务院卫生行政部门的规定，对传染病病人尸体或者疑似传染病病人尸体进行解剖查验，并应当告知死者家属。"

《传染病防治法实施办法》第五十六条规定，"医疗保健机构、卫生防疫机构经县级以上政府卫生行政部门的批准可以对传染病病人尸体或者疑似传染病病人的尸体进行解剖查验。"

为查找传染病病因，医疗机构有权对新型冠状病毒肺炎病人或疑似病人的尸体进行解剖查验，但按照《传染病防治法》第四十六条第二款的规定，应当满足两个条件：一是在必要时按照国务院卫生行政部门的规定进行；二是告知死者家属。此外，医疗保健机构和卫生防疫机构根据《传染病防治法实施办法》第五十六条的规定，也可以对传染病病人尸体或者疑似传染病病人的尸体进行解剖查验，但需经县级以上卫生健康委员会的批准。

055 疾病预防控制机构发现新冠肺炎疫情或者接到疫情报告时应采取哪些措施？

《传染病防治法》第四十条规定，"疾病预防控制机构发现传染病疫情或者接到传染病疫情报告时，应当及时采取下列措施：

（一）对传染病疫情进行流行病学调查，根据调查情况提出划定疫点、疫区的建议，对被污染的场所进行卫生处理，对密切接触者，在指定场所进行医学观察和采取其他必要的预防措施，并向卫生行政部门提出疫情控制方案；

（二）传染病暴发、流行时，对疫点、疫区进行卫生处理，向卫生行政部门提出疫情控制方案，并按照卫生行政部门的要求采取措施；

（三）指导下级疾病预防控制机构实施传染病预防、控制措施，组织、指导有关单位对传染病疫情的处理。"

当疾病预防控制机构发现新型冠状病毒肺炎疫情或者接到新型冠状病毒肺炎疫情报告时，应当及时采取《传染病防治法》中规定的上述措施。

二、医疗机构和疾控机构的依法防治措施

2020年1月25日,中国疾病预防控制中心根据国家卫健委"关于将新型冠状病毒肺炎纳入《中华人民共和国传染病防治法》规定的乙类传染病,并采取甲类传染病的预防控制措施的公告"以及《国家卫生健康委办公厅关于印发新型冠状病毒感染的肺炎防控方案》的精神,积极响应并迅速启动了新型冠状病毒肺炎动态监测及病例调查相关功能的设计、开发和部署等相关工作。2020年1月30日,中国疾控中心病毒预防控制所还按照中国疾控中心对口驰援湖北的要求,紧急选派了5名专家分两批赶赴湖北省开展实验室检测援助工作。

056 医疗机构、单位和个人等发现新冠肺炎病人或疑似病人时应该向哪个部门报告?

《传染病防治法》第三十条规定,"疾病预防控制机构、医疗机构和采供血机构及其执行职务的人员发现本法规定的传染病疫情或者发现其他传染病暴发、流行以及突发原因不明的传染病时,应当遵循疫情报告属地管理原则,按照国务院规定的或者国务院卫生行政部门规定的内容、程序、方式和时限报告。

军队医疗机构向社会公众提供医疗服务，发现前款规定的传染病疫情时，应当按照国务院卫生行政部门的规定报告。"

《传染病防治法》第三十一条规定，"任何单位和个人发现传染病病人或者疑似传染病病人时，应当及时向附近的疾病预防控制机构或者医疗机构报告。"

当疾病预防控制机构、医疗机构和采供血机构及其执行职务的人员发现新型冠状病毒肺炎疫情时，应当遵循属地管理原则按照规定报告，此处的规定主要包括2006年国家卫生部印发的卫办疾控发〔2006〕92号《传染病信息报告管理规范》和2015年国家卫生计生委印发的国卫办疾控发〔2015〕53号《传染病信息报告管理规范（2015年版）》。当单位和个人发现新型冠状病毒肺炎病人或者疑似新型冠状病毒肺炎病人时，应当及时向附近的疾病预防控制机构或者医疗机构报告。

在本次新冠病毒疫情防控中，大量医护人员做出了重大贡献。依据《事业单位工作人员奖励规定》和鄂防指发〔2020〕7号文件精神，湖北省人力资源和社会保障厅、省卫生健康委员会于2020年2月6日发

二、医疗机构和疾控机构的依法防治措施

布决定,给予武汉市金银潭医院党委副书记、院长张定宇同志,湖北省中西医结合医院呼吸内科主任、疫情上报"第一人"张继先同志记大功奖励。其中,张继先同志以超强的专业敏感意识,最早判断并坚持上报新型冠状病毒肺炎疫情,第一个为疫情防控工作拉响警报,积极履行了《传染病防治法》第三十条规定的医疗机构执行职务的人员的疫情报告义务。

057 被新型冠状病毒污染的污水、污物、废弃口罩以及新冠肺炎患者遗体应该如何处置?

《传染病防治法》第二十七条规定,"对被传染病病原体污染的污水、污物、场所和物品,有关单位和个人必须在疾病预防控制机构的指导下或者按照其提出的卫生要求,进行严格消毒处理;拒绝消毒处理的,由当地卫生行政部门或者疾病预防控制机构进行强制消毒处理。"

第四十六条规定,"患甲类传染病、炭疽死亡的,应当将尸体立即进行卫生处理,就近火化。患其他传染病死亡的,必要时,应当将尸体进行卫生处理后火化或者按照规定深埋。"

对于被新型冠状病毒污染的污水、污物等，有关单位和个人应当按照《传染病防治法》第二十七条的规定，在疾控中心的指导下或者按照其提出的卫生要求，进行严格消毒处理。

2020年2月1日，国家生态环境部印发了《关于做好新型冠状病毒感染的肺炎疫情医疗污水和城镇污水监管工作的通知》及《新型冠状病毒污染的医疗污水应急处理技术方案（试行）》（环办水体函〔2020〕52号），为有效应对新型冠状病毒感染的肺炎疫情，进一步加强医疗污水和城镇污水监管工作，防止新型冠状病毒通过污水传播扩散作出了规定，在处置被新型冠状病毒污染的污水时应当遵守。

各地也发布了关于废弃口罩处置的紧急通知。武汉市垃圾分类工作领导小组办公室于2020年1月24日发布了《关于规范废弃口罩分类处置的紧急通知》，就专用容器增设、规范投放、清运消杀等方面均作了明确要求。上海市政府在2020年2月1日召开的新闻发布会上，根据废弃口罩的三类不同来源分别明确了不同的处理途径。

本次新型冠状病毒肺炎已由国家卫健委于2020年1月20日发布的第1号公告纳入《传染病防治法》规定的乙类传染病，并规定采取甲类传染病的预防、控制措施，因此根据《传染病防治法》第四十六条的规

二、医疗机构和疾控机构的依法防治措施

定,患新型冠状病毒感染的肺炎死亡的,<mark>应当将尸体立即进行卫生处理,就近火化</mark>。国家卫健委于2020年2月1日印发《新型冠状病毒感染的肺炎患者遗体处置工作指引(试行)》(国卫办医函〔2020〕89号),按照以人为本、依法规范、及时稳妥、就近火化、疑似从有的原则,规定实行统一领导、分级负责、相互协同、属地管理,科学规范了处置新冠肺炎患者遗体的责任分工、流程等。希望对患者遗体的处置能够得到家属的理解和支持。

058 防控新冠肺炎疫情疾病预防控制中心应该承担法定职责有哪些?

《传染病防治法》第七条规定,"<mark>各级疾病预防控制机构承担传染病监测、预测、流行病学调查、疫情报告以及其他预防、控制工作。</mark>

医疗机构承担与医疗救治有关的传染病防治工作和责任区域内的传染病预防工作。城市社区和农村基层医疗机构在疾病预防控制机构的指导下,承担城市社区、农村基层相应的传染病防治工作。"

第十二条第一款规定,"<mark>在中华人民共和国领域内</mark>

的一切单位和个人，必须接受疾病预防控制机构、医疗机构有关传染病的调查、检验、采集样本、隔离治疗等预防、控制措施，如实提供有关情况。疾病预防控制机构、医疗机构不得泄露涉及个人隐私的有关信息、资料。"

根据《中央编办关于国家卫生健康委所属事业单位机构编制的批复》(中央编办复字〔2018〕90号)的规定，中国疾病预防控制中心为国家卫生健康委直属事业单位，其主要职责为：

（一）开展疾病预防控制、突发公共卫生事件应急、环境与职业健康、营养健康、老龄健康、妇幼健康、放射卫生和学校卫生等工作，为国家制定公共卫生法律法规、政策、规划、项目等提供技术支撑和咨询建议。

（二）组织制定国家公共卫生技术方案和指南，承担公共卫生相关卫生标准综合管理工作；承担实验室生物安全指导和爱国卫生运动技术支撑工作；承担《烟草控制框架公约》履约技术支撑工作；开展健康教育、健康科普和健康促进工作。

（三）开展传染病、慢性病、职业病、地方病、突发公共卫生事件和疑似预防接种异常反应监测及国民健康状况监测与评价，开展重大公共卫生问题的调查与危害风险评估；研究制定重大公共卫生问题的干预

二、医疗机构和疾控机构的依法防治措施

措施和国家免疫规划并组织实施。承担疾控信息系统建设、管理及大数据应用服务技术支持。

（四）参与国家公共卫生应急准备和应对，组织制定食品安全事故流行病学调查和卫生处理相关技术规范。指导地方突发公共卫生事件调查、处置和应急能力建设以及食品安全事故流行病学调查。承担新涉水产品、新消毒产品的技术评审工作。

（五）开展疾病预防控制、突发公共卫生事件应急、公众健康关键科学研究和技术开发，推广疾病预防控制新理论、新技术、新方法，推进公共卫生科技创新发展。

……

（九）承办国家卫生健康委交办的其他事项。

在本次新冠病毒疫情防控中，中国疾病预防控制中心及地方各级疾病预防控制中心承担传染病监测、预防、控制以及疫情报告等工作，并有权对在中华人民共和国领域内的一切单位和个人进行本次新型冠状病毒肺炎的调查、检验、采集样本、隔离治疗等预防、控制措施。

中国疾病预防控制中心及地方各级疾病预防控制

中心通过微博、微信公众号等多种途径，对疫情进行跟踪报告，向社会公众提供丰富实用的防控知识和建议，及时出版了《新型冠状病毒感染的肺炎公众防护指南》一书，切实履行自身职责，为打赢新型冠状病毒感染的肺炎疫情防护战提供了有力支持。

059 防控新冠肺炎疫情期间疾病预防控制中心是否有权对单位和个人进行有关调查、检验、采集样本、隔离治疗等预防、控制措施？

《传染病防治法》第七条第一款规定，"各级疾病预防控制机构承担传染病监测、预测、流行病学调查、疫情报告以及其他预防、控制工作。"

第十二条第一款规定，"在中华人民共和国领域内的一切单位和个人，必须接受疾病预防控制机构、医疗机构有关传染病的调查、检验、采集样本、隔离治疗等预防、控制措施，如实提供有关情况。疾病预防控制机构、医疗机构不得泄露涉及个人隐私的有关信息、资料。"

在本次新冠病毒疫情防控期间，各疾病预防控制

二、医疗机构和疾控机构的依法防治措施

中心有权对单位和个人进行有关调查、检验、采集样本、隔离治疗等预防、控制措施,一切单位和个人均有义务配合。

  060 防控新冠肺炎疫情期间疾病预防控制机构如何防止医疗机构出现传染病的医源性感染和医院感染?

《传染病防治法》第二十一条规定,"医疗机构必须严格执行国务院卫生行政部门规定的管理制度、操作规范,防止传染病的医源性感染和医院感染。

医疗机构应当确定专门的部门或者人员,承担传染病疫情报告、本单位的传染病预防、控制以及责任区域内的传染病预防工作;承担医疗活动中与医院感染有关的危险因素监测、安全防护、消毒、隔离和医疗废物处置工作。

疾病预防控制机构应当指定专门人员负责对医疗机构内传染病预防工作进行指导、考核,开展流行病学调查。"

《传染病防治法》第二十二条规定,"疾病预防控制机构、医疗机构的实验室和从事病原微生物实验的单位,应当符合国家规定的条件和技术标准,建立严

格的监督管理制度,对传染病病原体样本按照规定的措施实行严格监督管理,严防传染病病原体的实验室感染和病原微生物的扩散。"

2019年5月18日国家卫健委发布的《医疗机构感染预防与控制基本制度(试行)》也对防止医疗机构出现传染病的医源性感染和医院感染的操作规范提出要求。

本次防控新冠病毒疫情期间,各疾病预防控制机构应当正确使用病原体样本和实验室,完成相应的检测和科研工作,还应当指定专门人员负责对医疗机构内传染病预防工作进行指导、考核,开展流行病学调查等。

061 港口、机场、铁路疾病预防控制机构及国境卫生检疫机关发现疑似传染病病人时应当如何处理?

《传染病防治法》第三十二条规定,"港口、机场、铁路疾病预防控制机构以及国境卫生检疫机关发现甲类传染病病人、病原携带者、疑似传染病病人时,应当按照国家有关规定立即向国境口岸所在地的疾病预

二、医疗机构和疾控机构的依法防治措施

防控制机构或者所在地县级以上地方人民政府卫生行政部门报告并互相通报。"

《突发公共卫生事件应急条例》第三十八条第一款规定,"交通工具上发现根据国务院卫生行政主管部门的规定需要采取应急控制措施的传染病病人、疑似传染病病人,其负责人应当以最快的方式通知前方停靠点,并向交通工具的营运单位报告。交通工具的前方停靠点和营运单位应当立即向交通工具营运单位行政主管部门和县级以上地方人民政府卫生行政主管部门报告。卫生行政主管部门接到报告后,应当立即组织有关人员采取相应的医学处置措施。"

2005年6月17日,《卫生部、铁道部、交通部、国家质量监督检验检疫总局、中国民航总局关于加强预防控制传染病境外传入和通过交通工具传播的通知》(卫应急发〔2005〕247号)规定,"建立传染病人交接制度。交通工具上发现传染病疫情时,在交通工具上应采取适当的隔离措施以及在车船上采取通风等措施。接到交通工具发现传染病人或疑似传染病人的报告后,机场、车站、港口要及时与医疗卫生单位做好传染病人或疑似传染病人的交接工作。医疗卫生单位要提前到达机场、车站、港口,配备必要的设备、药品,并做好个人防护工作。"

本次防控新型冠状病毒疫情中,在港口、机场、铁路等发现疑似传染病病人时,应当按照国家有关规定,立即向国境口岸所在地的疾病预防控制机构或者所在地县级以上地方人民政府卫生行政部门报告并互相通报;在交通工具上发现需要采取应急控制措施的疑似传染病病人时,应当由交通工具的营运单位向交通工具营运单位行政主管部门和县级以上地方人民政府卫生行政主管部门报告。

062 防控传染病时传染病管理监督员和传染病管理检查员应该履行哪些法定职责?

《传染病防治法实施办法》第六十条规定,"传染病管理监督员执行下列任务:

(一)监督检查《传染病防治法》及本办法的执行情况;

(二)进行现场调查,包括采集必需的标本及查阅、索取、翻印复制必要的文字、图片、声像资料等,并根据调查情况写出书面报告;

(三)对违法单位或者个人提出处罚建议;

(四)执行卫生行政部门或者其他有关部门卫生主

二、医疗机构和疾控机构的依法防治措施

管机构交付的任务;

(五)及时提出预防和控制传染病措施的建议。"

《传染病防治法实施办法》第六十二条规定,"传染病管理检查员执行下列任务:

(一)宣传《传染病防治法》及本办法,检查本单位和责任地段的传染病防治措施的实施和疫情报告执行情况

(二)对本单位和责任地段的传染病防治工作进行技术指导;

(三)执行卫生行政部门和卫生防疫机构对本单位及责任地段提出的改进传染病防治管理工作的意见;

(四)定期向卫生行政部门指定的卫生防疫机构汇报工作情况遇到紧急情况及时报告。"

防控疫情应当完善和发挥传染病管理监督员和传染病管理检查员的作用。因此,由地方各级政府卫生行政部门、卫生防疫机构和受国务院卫生行政部门委托的其他有关部门卫生主管机构推荐,由省级以上政府卫生行政部门聘任并发给证件的传染病管理监督员应该依法执行《传染病防治法实施办法》第六十条规定的五项任务。由各级各类医疗保健机构

内设立并由本单位推荐，经县级以上政府卫生行政部门或受国务院卫生行政部门委托的其他部门卫生主管机构批准并发给证件的传染病管理检查员应该依法执行《传染病防治法实施办法》第六十二条规定的四项任务。

063 防控新冠肺炎疫情期间医疗机构依法是否有权接受社会捐赠？

《公益事业捐赠法》第二条规定，自然人、法人或者其他组织自愿无偿向依法成立的公益性社会团体和公益性非营利的事业单位捐赠财产，用于公益事业的，适用本法。"

第三条规定，"本法所称公益事业是指非营利的下列事项：

（一）救助灾害、救济贫困、扶助残疾人等困难的社会群体和个人的活动；

（二）教育、科学、文化、卫生、体育事业；

（三）环境保护、社会公共设施建设；

（四）促进社会发展和进步的其他社会公共和福利事业。"

二、医疗机构和疾控机构的依法防治措施

第八条规定，"国家鼓励公益事业的发展，对公益性社会团体和公益性非营利的事业单位给予扶持和优待。国家鼓励自然人、法人或者其他组织对公益事业进行捐赠……"

第十条规定，"公益性社会团体和公益性非营利的事业单位可以依照本法接受捐赠……本法所称公益性非营利的事业单位是指依法成立的，从事公益事业的不以营利为目的的教育机构、科学研究机构、医疗卫生机构、社会公共文化机构、社会公共体育机构和社会福利机构等。"

本次接受捐赠的医疗机构绝大多数属于公益性非营利的事业单位，可接受自然人、法人或者其他组织的捐赠，用于本次突发公共卫生事件。

2015年8月26日，《卫生计生单位接受益事业捐赠管理办法（试行）》（国卫财务发〔2015〕77号）第八条规定，"卫生计生单位应当明确承担捐赠组织协调管理的牵头职能部门，负责管理日常事务。"

医疗机构可以结合自身机构部门特点及接受捐赠的具体情况，自行指定相关职能科室、指派专人成立专项任务组，负责相关捐赠财物的接收、分配和使用。

064 防控新冠肺炎疫情期间医疗机构是否可以自行向社会公开募捐？

《慈善法》第二十一条规定，"本法所称慈善募捐，是指慈善组织基于慈善宗旨募集财产的活动。慈善募捐，包括面向社会公众的公开募捐和面向特定对象的定向募捐。"

第二十二条规定，"慈善组织开展公开募捐，应当取得公开募捐资格。依法登记满二年的慈善组织，可以向其登记的民政部门申请公开募捐资格。"

2016年8月31日民政部发布的《慈善组织公开募捐管理办法》第三条规定，"依法取得公开募捐资格的慈善组织可以面向公众开展募捐。不具有公开募捐资格的组织和个人不得开展公开募捐。"

二、医疗机构和疾控机构的依法防治措施

2020年1月26日民政部发布的《关于动员慈善力量依法有序参与新型冠状病毒感染的肺炎疫情防控工作的公告》(民政部公告第476号)及湖北省、武汉市政府的通告中均要求，通过慈善组织（红十字会等）来接受捐赠，并未作出医疗机构可以公开募捐的例外规定。

通过微博等平台，面向不特定的人群公开发起募捐活动属于公开募捐。医疗机构不属于具有公开募捐资格的组织，不得主动开展公开募捐，但可以依法接受捐赠。

三、社会组织和公众的依法应对行动

065 防控新冠肺炎疫情期间红十字会应当履行的法定职责有哪些？

《红十字会法》第十一条规定，"红十字会履行下列职责：

（一）开展救援、救灾的相关工作，建立红十字应急救援体系。在战争、武装冲突和自然灾害、事故灾难、公共卫生事件等突发事件中，对伤病人员和其他受害者提供紧急救援和人道救助；

（二）开展应急救护培训，普及应急救护、防灾避险和卫生健康知识，组织志愿者参与现场救护；

（三）参与、推动无偿献血、遗体和人体器官捐献工作，参与开展造血干细胞捐献的相关工作；

……

（九）协助人民政府开展与其职责相关的其他人道主义服务活动。"

《红十字会法》第二十条规定，"依法接受自然人、法人以及其他组织捐赠的款物，应当向捐赠人开具由财政部门统一监（印）制的公益事业捐赠票据。捐赠人匿名或者放弃接受捐赠票据的，红十字会应当做好相关记录。"

《红十字会法》第二十三条规定，"应当建立健全信息公开制度，规范信息发布，在统一的信息平台及

三、社会组织和公众的依法应对行动

时向社会公布捐赠款物的收入和使用情况,接受社会监督。"

在疫情防控期间,红十字会应当履行开展救援,依法接受自然人、法人以及其他组织捐赠的款物,并及时向社会公布其接受的捐赠款物的收入和使用情况等职责。

在本次抗击疫情工作中,红十字会依法依规加强捐赠款物接受使用管理,严格规范决策程序,及时准确公布捐赠款物接受使用信息,切实为疫情防控工作提供坚强有力的保障。

066 防控新冠肺炎疫情期间《慈善法》与《红十字会法》如何相互配合适用?

《慈善法》与《红十字会法》是并列的两部法律,互不隶属。《慈善法》是为了发展慈善事业,弘扬慈善文化,规范慈善活动,保护慈善组织、捐赠人、志愿者、受益人等慈善活动参与者的合法权益而制定的法律,详细规定了慈善组织的申请登记、监督检查等问题；明确了慈善组织、捐赠人、受益人三类慈善活动主要参与主体；明确了对开展扶贫济困的慈善活动要实行更特殊的优惠等问题，是我国慈善领域的基础性、综合性法律。《红十字会法》是为了保护人的生命和健康，发扬人道主义精神，促进和平进步事业，保障红十字会依法履行职责而制定的法规，详细规定了红十字会的职责、标志与名称、财产与监管、法律责任等内容，为红十字会依法履行职责提供了法律规范。

红十字会是从事人道主义工作的群众组织，不是一般意义上的慈善组织。因此红十字会的活动首先是遵守《红十字会法》的规定，也就是遵守《慈善法》第二条"自然人、法人和其他组织开展慈善活动以及与慈善有关的活动，适用本法。其他法律有特别规定的，依照其规定"所说的"其他法律有特别规定的"的规定。

但是红十字会的一些业务又确实属于慈善范畴，《慈善法》是慈善领域的基本法，对红十字会的慈善活动应当具有法律效力。如果红十字会开展与慈善有关的活动，而《红十字会法》又没有作出明确规定的，适用《慈善法》的规定。

三、社会组织和公众的依法应对行动

067 防控新冠肺炎疫情期间红十字会是否可以接受定向捐助？

《红十字会法》第十九条规定，"红十字会可以依法进行募捐活动。募捐活动应当符合《慈善法》的有关规定。"

《慈善法》第四十条规定，"捐赠人与慈善组织约定捐赠财产的用途和受益人时，不得指定捐赠人的利害关系人作为受益人。"第五十八条规定，"慈善组织确定慈善受益人，应当坚持公开、公平、公正的原则，不得指定慈善组织管理人员的利害关系人作为受益人。"

红十字会可以接受定向捐助。但是在受益人的选择上有要求，即：不得指定捐赠人的利害关系人作为受益人，也不得指定慈善组织管理人员的利害关系人作为受益人。

068 传染病人、病原携带者或疑似病人未按照防控要求进行隔离、逃离隔离场所或者拒绝配合治疗的应承担何种法律责任？

《传染病防治法》第十二条规定，"在中华人民共和国领域内的一切单位和个人，必须接受疾病预防控制机构、医疗机构有关传染病的调查、检验、采集样本、隔离治疗等预防、控制措施，如实提供有关情况。"

第三十九条第二款规定，"拒绝隔离治疗或者隔离期未满擅自脱离隔离治疗的，公安机关可以协助医疗机构采取强制隔离治疗措施。"

第七十七条规定，"单位和个人违反本法规定，导致传染病传播、流行，给他人人身、财产造成损害的，应当依法承担民事责任。"

接受疾病预防控制机构、医疗机构有关传染病的调查、检验、采集样本、隔离治疗等预防、控制措施是《传染病防治法》中明确规定的一切单位和个人的法律义务。新型冠状病毒肺炎病人、病原携带者或疑似病人如拒不配合隔离，公安机关可以协助医疗机构

三、社会组织和公众的依法应对行动

采取强制隔离治疗措施。

违反《传染病防治法》规定，导致传染病传播、流行，给他人人身、财产造成损害的，根据《传染病防治法》第七十七条的规定还应依法承担民事责任，例如行为人由于过失或者故意行为导致他人感染发病的，根据《民法总则》《侵权责任法》的规定，应承担停止侵害、排除妨碍、消除危险、赔偿损失（如被感染者的医疗费、护理费、交通费、误工费、死亡赔偿金、残疾赔偿金、精神损害抚慰金等）等民事责任；违反《治安管理处罚法》的，由公安机关依法处理；构成犯罪的，应当承担刑事责任。

069 防控新冠肺炎疫情期间红十字会如何履行受赠财产使用信息披露义务？

《慈善法》第七十一条规定，"慈善组织、慈善信托的受托人应当依法履行信息公开义务。信息公开应当真实、完整、及时。"

第七十三条规定，"具有公开募捐资格的慈善组织应当定期向社会公开其募捐情况和慈善项目实施情况。

公开募捐周期超过六个月的，至少每三个月公开一次募捐情况,公开募捐活动结束后三个月内应当全面公开募捐情况。慈善项目实施周期超过六个月的,至少每三个月公开一次项目实施情况,项目结束后三个月内应当全面公开项目实施情况和募得款物使用情况。"

第七十四条规定,"慈善组织开展定向募捐的,应当及时向捐赠人告知募捐情况、募得款物的管理使用情况。"

《红十字会法》第二十二条规定,"红十字会应当建立财务管理、内部控制、审计公开和监督检查制度。红十字会的财产使用应当与其宗旨相一致。红十字会对接受的境外捐赠款物,应当建立专项审查监督制度。红十字会应当及时聘请依法设立的独立第三方机构,对捐赠款物的收入和使用情况进行审计,将审计结果向红十字会理事会和监事会报告,并向社会公布。"

第二十三条规定,"红十字会应当建立健全信息公开制度,规范信息发布,在统一的信息平台及时向社会公布捐赠款物的收入和使用情况,接受社会监督。"

红十字会应当建立财务管理、内部控制、审计公开和监督检查制度,建立健全信息公开制度,规范信息发布,在统一的信息平台及时向社会公布捐赠款物

三、社会组织和公众的依法应对行动

的收入和使用情况,自觉主动接受社会监督。

此外,捐赠人有权查询、复制其捐赠财产管理使用的有关资料,红十字会应当及时主动向捐赠人反馈有关情况。

如果红十字会对接受的捐赠物资信息公开不及时、不充分,需要承担纪律责任,有关部门将依据《中国共产党问责条例》《中国共产党纪律处分条例》及《行政机关公务员处分条例》等规定,给予警告、记过等处分。部分地区红十字会、慈善机构受到处分,彰显了党中央和各级党委打赢疫情防控阻击战的决心,切实地为疫情防控工作提供坚强有力的纪律保障。

070 防控新冠肺炎疫情期间指定受赠机构应当如何对受赠财产进行分配和发放?

2020年1月26日,民政部发布的《关于动员慈善力量依法有序参与新型冠状病毒感染的肺炎疫情防控工作的公告》要求"慈善组织为湖北省武汉市疫情防控工作募集的款物,除定向捐赠外,原则上服从湖北省、武汉市等地新型冠状病毒感染的肺炎防控指挥部的统一调配"。

　　2020年1月28日，中国红十字会总会办公室发布的《关于做好新型冠状病毒感染的肺炎疫情防控捐赠款物使用管理的通知》要求"对于本次疫情防控的非定向捐赠款物，由省级红十字会参照'三重一大'的要求进行集体研究审批。按照集体研究审批的意见，省级红十字会的相关职能部门负责捐赠物资和资金的分配使用管理，财务部门负责审核拨付捐赠资金，监事会负责跟踪监督"。

　　对于定向捐赠之外的物资捐赠，原则上服从湖北省、武汉市等地新型冠状病毒感染的肺炎防控指挥部的统一调配，红十字会不得擅自分配，而应由省级红十字会参照"三重一大"的要求集体研究审批。

071 防控新冠肺炎疫情期间畜禽养殖行业应该如何做好防控疫情工作？

　　《动物防疫法》第二十五条规定，"禁止屠宰、经

三、社会组织和公众的依法应对行动

营、运输下列动物和生产、经营、加工、贮藏、运输下列动物产品:

(一)封锁疫区内与所发生动物疫病有关的;

(二)疫区内易感染的;

(三)依法应当检疫而未经检疫或者检疫不合格的;

(四)染疫或者疑似染疫的;

(五)病死或者死因不明的;

(六)其他不符合国务院兽医主管部门有关动物防疫规定的。"

《动物防疫法》第二十六条规定,"从事动物疫情监测、检验检疫、疫病研究与诊疗以及动物饲养、屠宰、经营、隔离、运输等活动的单位和个人,发现动物染疫或者疑似染疫的,应当立即向当地兽医主管部门、动物卫生监督机构或者动物疫病预防控制机构报告,并采取隔离等控制措施,防止动物疫情扩散。其他单位和个人发现动物染疫或者疑似染疫的,应当及时报告。"

各地农业农村主管机关应当加强指导和监督管理,正确引导畜禽养殖业主落实企业主体责任、普及相关防控知识；应当加强养殖管理等相关人员的管理，严格进行入场消毒和养殖过程中的个人防护。**养殖管理相关人员应当积极配合农业农村部门做好动物疫情监测、排查、采样，发现异常情况及时上报当地畜牧兽医站或动物疫病预防控制中心。**

072 防控新冠肺炎疫情期间单位、个人如何捐赠医疗物资？

《慈善法》第三十五条规定，"**捐赠人可以通过慈善组织捐赠，也可以直接向受益人捐赠。**"

《公益事业捐赠法》第九条规定，"自然人、法人或者其他组织**可以选择符合其捐赠意愿的公益性社会团体和公益性非营利的事业单位进行捐赠。**捐赠的财产应当是其有权处分的合法财产。"

《公益事业捐赠法》第十条规定，"**公益性社会团体和公益性非营利的事业单位可以依照本法接受捐赠。**本法所称公益性社会团体是指依法成立的，以发展公益事业为宗旨的基金会、慈善组织等社会团体。本法所称公益性非营利的事业单位是指依法成立的，从事公益事业的不以营利为目的的教育机构、科学研究机

三、社会组织和公众的依法应对行动

构、医疗卫生机构、社会公共文化机构、社会公共体育机构和社会福利机构等。"

公益性社会团体（基金会、慈善组织等）和公益性非营利的事业单位（公益性教育机构、科研机构、医疗卫生机构等）都可以接受捐赠，县级以上人民政府及其部门也可以接受捐赠。

企业和个人若想进行捐赠，既可以捐赠给地方政府或其指定部门，也可以捐赠给基金会、慈善组织，还可以直接捐赠给具体的公益性非营利医疗卫生机构，也就是具体的医院。同时，没有任何一部法律规定，个人和企业必须先捐赠给当地政府指定的红十字会或者个别慈善组织，再由它们进行物资分配，也没有任何法律授权任何人（包括地方政府），去改变这些定向捐赠的用途和受赠人。

2020年1月30日，武汉市红十字会宣布"境内外单位或者个人可直接与武汉医院对接捐赠。"

073 防控新冠肺炎疫情期间上市公司如何对外披露捐赠的信息？

上市公司对外捐赠需要依照《证券法》《上市公司信息披露管理办法》和交易所规则进行披露。2020年3月1日之前需要根据现行《证券法》第六十三条、2020年3月1日之后需要根据新《证券法》第七十八条的规定进行信息披露。

新《证券法》第七十八条规定，"信息披露义务人披露的信息，应当真实、准确、完整，不得有虚假记载、误导性陈述或者重大遗漏。"上市公司不仅需要依法披露定期报告，还应就重大事件披露临时报告。

2007年1月发布的《上市公司信息披露管理办法》第二条规定，"信息披露义务人应当真实、准确、完整、及时地披露信息，不得有虚假记载、误导性陈述或者重大遗漏。信息披露义务人应当同时向所有投资者公开披露信息。在境内、外市场发行证券及其衍生品种并上市的公司在境外市场披露的信息，应当同时在境内市场披露。"

2008年11月发布的《深圳证券交易所股票上市规则》及2019年4月发布的《上海证券交易所股票上市规则》中第9.2条规定，"上市公司发生的交易所涉资产总额占上市公司最近一期经审计总资产10%以上的

三、社会组织和公众的依法应对行动

应当披露,上市公司发生的交易所涉成交金额占其最近一期经审计净资产10%以上且金额超过1000万元的也应披露。"上述两文件第9.1条规定,"本章所称'交易'包括下列事项:(七)赠与或者受赠资产。"

上市公司支援抗击疫情进行的"赠与"属于该条规定的"交易"。当上市公司单次的捐赠金额或近12个月内的累计捐赠金额达到公司总资产的10%,或者达到净资产10%且金额超过1000万元时,上市公司就应当立即披露。当然对于未达临时公告披露标准的捐赠,上市公司也可以主动进行披露,或者在年报等定期报告中予以说明。

上市公司进行信息披露需遵循公平披露原则,即信息披露义务人应同时向所有投资者公开披露信息,确保所有投资者可以平等地获取同一信息,不得向单个或部分投资者透露或泄漏。在公平披露原则下,上市公司披露的信息不能通过任意渠道公布,而应在符合法律规定条件的媒体上发布。

根据2020年3月1日起施行的新《证券法》第八十六条的规定,对于依法披露的信息,上市公司应当在证券交易场所的网站和符合国务院证券监督管理机构规定条件的媒体发布相关捐赠信息。

根据中国上市公司协会网站上公布的数据，已有多家上市公司通过捐款、捐物等形式大力驰援抗击疫情，并按照信息披露的要求将捐赠信息进行了公告。

074 防控新冠肺炎疫情期间中央企业对外捐赠有无特殊要求？

《慈善法》第四十三条规定，"国有企业实施慈善捐赠应当遵守有关国有资产管理的规定，履行批准和备案程序。"

2009年11月5日，《国务院国有资产监督管理委员会关于加强中央企业对外捐赠管理有关事项的通知》（国资发评价〔2009〕317号）（以下简称《通知》）第五点明确规定，"国资委对中央企业对外捐赠事项实行备案管理制度。捐赠项目超过以下标准的，还应报国资委备案同意后方能实施：净资产小于100亿元的央企，捐赠项目超过100万元的；净资产在100亿元至500亿元的企业，捐赠项目超过500万元的；净资产大于500亿元的企业，捐赠项目超过1000万元的。"

三、社会组织和公众的依法应对行动

各中央企业还应当合理确定对外捐赠规模。《通知》第三点明确强调,"各中央企业对外捐赠应当充分考虑自身经营规模、盈利能力、负债水平、现金流量等财务承受能力,坚持量力而行原则,合理确定对外捐赠支出规模和标准。"

2020年2月13日,财政部财金司发布《关于国有金融企业积极做好疫情防控捐赠有关事项的通知》(财金函〔2020〕7号),要求国有金融企业应积极履行社会责任,实施精准捐赠,采取多种方式捐赠,合理调配资金,依法履行公司治理程序,依法享受税收优惠政策。

按照国务院国资委的整体部署,众多中央企业积极履责尽责,捐款捐物,助力打赢疫情防控战。截至2020年2月11日,包括中粮集团、招商局、三峡集团、国家电网、中国移动、中国一汽等近100家中央企业进行了捐款捐物。各中央企业积极参与抗击武汉疫情,投身社会公益事业,是认真履行社会责任的体现。在对外捐赠管理工作中,应当坚持量力而行原则,完善制度,严格程序,规范管理。

075 防控新冠肺炎疫情期间公民捐赠后是否可以反悔，撤销其捐赠？

《公益事业捐赠法》第十二条第二款规定，"捐赠人应当依法履行捐赠协议，按照捐赠协议约定的期限和方式将捐赠财产转移给受赠人。"

《合同法》第一百八十六条规定，"赠与人在赠与财产的权利转移之前可以撤销赠与。具有救灾、扶贫等社会公益、道德义务性质的赠与合同或者经过公证的赠与合同，不适用前款规定。"

此外，《慈善法》第四十一条规定，"捐赠人应当按照捐赠协议履行捐赠义务。捐赠人违反捐赠协议逾期未交付捐赠财产，有下列情形之一的，慈善组织或者其他接受捐赠的人可以要求交付；捐赠人拒不交付的，慈善组织和其他接受捐赠的人可以依法向人民法院申请支付令或者提起诉讼：

（一）捐赠人通过广播、电视、报刊、互联网等媒体公开承诺捐赠的；

（二）捐赠财产用于本法第三条第一项至第三项规定的慈善活动，并签订书面捐赠协议的。

捐赠人公开承诺捐赠或者签订书面捐赠协议后经济状况显著恶化，严重影响其生产经营或者家庭生活的，经向公开承诺捐赠地或者书面捐赠协议签订地的

三、社会组织和公众的依法应对行动

民政部门报告并向社会公开说明情况后,可以不再履行捐赠义务。"

📌 公民为了抗击疫情进行的对外捐赠,属于具有救灾、扶贫等社会公益、道德义务性质的赠与合同,因此不得撤销。除非捐赠人公开承诺捐赠或者签订书面捐赠协议后经济状况显著恶化,严重影响其生产经营或者家庭生活的,可以不再履行捐赠义务。

076 新冠肺炎疫情及防控是否构成民商事法律上的不可抗力?

📌

《民法总则》第一百八十条规定,"因不可抗力不能履行民事义务的,不承担民事责任。法律另有规定的,依照其规定。不可抗力是指不能预见、不能避免且不能克服的客观情况。"

《合同法》第一百一十七条规定,"因不可抗力不能履行合同的,根据不可抗力的影响,部分或者全部免除责任,但法律另有规定的除外。当事人迟延履行

后发生不可抗力的,不能免除责任。本法所称不可抗力,是指不能预见、不能避免并不能克服的客观情况。"

根据我国民事法律规定,不可抗力是指不能预见、不能避免并且不能克服的客观情况,在不可抗力出现后,当事人可以此为据主张不承担未履行或未完全履行民事义务的责任。需要注意的是,根据最高人民法院发布的《全国法院民商事审判工作会议纪要》第二条的规定,《合同法》总则与《民法总则》的规定不一致的,适用《民法总则》的规定。《合同法》第一百一十七条即属于"总则"部分,其与《民法总则》规定不一致的,应以《民法总则》为准。因此,人民法院或者仲裁机构认为因不可抗力不能履行或未完全履行民事义务的,不承担民事责任或承担部分民事责任,而非"部分或者全部免除责任"。

077 防控新冠肺炎疫情期间用人单位是否有权解除和终止病人、疑似病人、密切接触者的劳动合同?

《劳动合同法》第四十二条规定,"劳动者有下

三、社会组织和公众的依法应对行动

列情形之一的，用人单位不得依照本法第四十条、第四十一条的规定解除劳动合同：

（一）从事接触职业病危害作业的劳动者未进行离岗前职业健康检查，或者疑似职业病病人在诊断或者医学观察期间的；

（二）在本单位患职业病或者因工负伤并被确认丧失或者部分丧失劳动能力的；

（三）患病或者非因工负伤，在规定的医疗期内的；

（四）女职工在孕期、产期、哺乳期的；

（五）在本单位连续工作满十五年，且距法定退休年龄不足五年的；

（六）法律、行政法规规定的其他情形。"

本次新冠病毒疫情发生后，2020年1月24日，人社部办公厅发布《关于妥善处理新型冠状病毒感染的肺炎疫情防控期间劳动关系问题的通知》（人社厅明电〔2020〕5号），该文件规定，"对新型冠状病毒感染的肺炎患者、疑似病人、密切接触者在其隔离治疗期间或医学观察期间以及因政府实施隔离措施或采取其他紧急措施导致不能提供正常劳动的企业职工，企业应当支付职工在此期间的工作报酬，并不得依据劳动合同法第四十条、四十一条与职工解除劳动合同。在此期间，劳动合同到期的，分别顺延至职工医疗期期满、医学观察期期满、隔离期期满或者政府采取的紧急措施结束。"

对于符合上述文件要求的员工，用人单位不得解除其劳动合同；劳动合同在期间内届满的，应当延续至相应情形消失时终止。而对于未发生上述特殊情形的员工并不受此次疫情影响，仍按照《劳动合同法》的有关规定执行。

078 受新冠肺炎疫情影响停工停业或生产任务不足的用人单位还需要向劳动者支付工资吗？

根据现行《工资支付暂行规定》第十二条规定，"非因劳动者原因造成单位停工、停产在一个工资支付周期内的，用人单位应按劳动合同规定的标准支付劳动者工资。超过一个工资支付周期的，若劳动者提供了正常劳动，则支付给劳动者的劳动报酬不得低于当地的最低工资标准；若劳动者没有提供正常劳动，应按国家有关规定办理。"

本次新冠病毒疫情发生后，各地政府出台相关政策，对受新型冠状病毒肺炎疫情影响，生产经营遇到困难的企业和参与防疫物资生产的相关企业，通过加大对

三、社会组织和公众的依法应对行动

中小企业金融支持力度、引导加强转贷担保支持、大金融机构小微企业风险补偿力度等途径,全力支持企业健康发展。

2020年1月24日,人社部办公厅于发布的《关于妥善处理新型冠状病毒感染的肺炎疫情防控期间劳动关系问题的通知》(人社厅明电〔2020〕5号)表明,"如用人单位受新型冠状病毒肺炎疫情影响暂时导致生产、工作任务不足的,可向人力社保部门申请执行综合计算工时制度,根据生产经营需要,实行轮岗轮休、缩短工作时间等方式,或与员工协商待岗、调整工作方式(如在家办公)、调整薪酬等。"

079 用人单位如何处理员工以该单位所在地区疫情严重为由提出无法按时复工?

目前尚无直接针对此种情况的相关政策。建议用人单位综合人性化管理、社会责任、员工培养和流失成本等因素进行考虑,根据本单位和员工的实际情况与员工进行协商,可考虑酌情灵活利用年休假或其他福利假等相关制度,或将现场办公与线上办公灵活并行使用。员工确不同意相关安排或相关安排确不适宜的,双方可在协商一致的基础上签订《劳动关系终止协议》《待岗协议》等。确实无法协商一致的,需按照用人单位相关规章制度处理。

同时,用人单位也应注意在复工后及时采取有效防疫措施,如对员工进行体温监测,将会议、会见等改为线上方式进行等,切实保障已返回复工员工的健康安全。2020年2月11日,国务院应对新型冠状病毒感染肺炎疫情联防联控机制举行新闻发布会,针对企业复工问题,国家发展改革委党组成员、秘书长表示,企业要配备消毒液、体温枪等物资,为职工配发口罩等防护用品。员工因缺乏口罩等原因无法乘坐公共交通工具,导致旷工、迟到的,应结合实际情况灵活处理。

080 防控新冠肺炎疫情期间因隔离而无法提供正常劳动的人员算旷工吗?

根据《人力资源社会保障部办公厅关于妥善处理新型冠状病毒感染的肺炎疫情防控期间劳动关系问题的通知》,对新型冠状病毒感染的肺炎患者、疑似病人、密切接触者在其隔离治疗期间或医学观察期间以及因政府实施隔离措施或采取其他紧急措施导致不能提供正常

三、社会组织和公众的依法应对行动

劳动的企业职工，不得依据《劳动合同法》第四十条、四十一条与职工解除劳动合同。在此期间，劳动合同到期的，分别顺延至职工医疗期期满、医学观察期期满、隔离期期满或者政府采取的紧急措施结束。因此，被隔离期间不能算作旷工，用人单位更不能以旷工构成严重违反规章制度为由解除劳动合同。

一些地方也作出了类似规定。2020年1月26日无锡市人力资源和社会保障局于发布的《关于做好新型冠状病毒感染的肺炎疫情防控有关工作的通知》表示，"对于因疫情未及时返锡复工的职工，企业可以优先考虑安排职工年休假。职工在年休假期间享受与正常工作期间相同的工资收入。职工未复工时间较长的，企业经与职工协商一致，可以安排职工待岗。待岗期间，企业应当按照不低于本市最低工资标准的80%支付生活费。"2020年2月2日上海市人社局于发布的《关于应对新型冠状病毒感染肺炎疫情实施支持保障措施的通知》中表示，应加强对受疫情影响企业的劳动用工指导和服务，加大劳动保障监察执法力度，切实维护保障职工合法权益。

对于被隔离而无法提供正常劳动的务工人员，有关单位可优先考虑为该类员工安排年休假，而不应视作旷工。

081 防控新冠肺炎疫情期间非医务人员在工作中感染新冠肺炎的能否依法认定为工伤？

《社会保险法》第三十六条规定，"职工因工作原因受到事故伤害或者患职业病，且经工伤认定的，享受工伤保险待遇；其中，经劳动能力鉴定丧失劳动能力的，享受伤残待遇。"

《工伤保险条例》第十四条规定，"职工有下列情形之一的，应当认定为工伤：

（一）在工作时间和工作场所内，因工作原因受到事故伤害的；

（二）工作时间前后在工作场所内，从事与工作有关的预备性或者收尾性工作受到事故伤害的；

（三）在工作时间和工作场所内，因履行工作职责受到暴力等意外伤害的；

（四）患职业病的；

（五）因工外出期间，由于工作原因受到伤害或者发生事故下落不明的；

（六）在上下班途中，受到非本人主要责任的交通事故或者城市轨道交通、客运轮渡、火车事故伤害的；

（七）法律、行政法规规定应当认定为工伤的其他情形。"

第十五条规定，"职工有下列情形之一的，视同

三、社会组织和公众的依法应对行动

工伤：

（一）在工作时间和工作岗位，突发疾病死亡或者在48小时之内经抢救无效死亡的；

（二）在抢险救灾等维护国家利益、公共利益活动中受到伤害的；

（三）职工原在军队服役，因战、因公负伤致残，已取得革命伤残军人证，到用人单位后旧伤复发的。

职工有前款第（一）项、第（二）项情形的，按照本条例的有关规定享受工伤保险待遇；职工有前款第（三）项情形的，按照本条例的有关规定享受除一次性伤残补助金以外的工伤保险待遇。"

本次新冠病毒疫情发生后，2020年1月23日人力资源社会保障部、财政部、国家卫生健康委发布的《关于因履行工作职责感染新型冠状病毒肺炎的医护及相关工作人员有关保障问题的通知》（人社部函〔2020〕11号）文件针对"因履行工作职责而感染新型冠状病毒肺炎的医护及相关工作人员的有关保障问题"作出了规定，并未对非医务人员作出特殊规定。

在现行有关规定中，如果不是医护及相关工作人员在工作中感染新型冠状病毒的，通常不能认定为工伤。

082 某些酒店、宾馆等经营单位拒绝接待湖北籍人员以及某些小区拒绝湖北籍人员进入的行为是否违法？

《传染病防治法》第十六条规定，"国家和社会应当关心、帮助传染病病人、病原携带者和疑似传染病病人，使其得到及时救治。任何单位和个人不得歧视传染病病人、病原携带者和疑似传染病病人。"

《消费者权益保护法》第四条规定，"经营者与消费者进行交易，应当遵循自愿、平等、公平、诚实信用的原则。"第十六条第二款规定，"经营者向消费者提供商品或者服务，应当恪守社会公德，诚信经营，保障消费者的合法权益；不得设定不公平、不合理的交易条件，不得强制交易。"

不得歧视传染病病人、病原携带者和疑似传染病病人是《传染病防治法》规定的一项明确的法律义务，更遑论并非以上三类的普通公民，所有单位和个人都应该主动遵守该项义务。在本次疫情防控期间，某些酒店、宾馆等经营单位拒绝接待湖北籍人员及某些小区拒绝湖北籍人员进入是错误的、违法的。《传染病

三、社会组织和公众的依法应对行动

防治法》明确规定了不得歧视传染病病人、病原携带者和疑似传染病病人,且针对其他来自疫区的普通人员,除了特定情形下的隔离观察和检疫外,并未作出特别规定,因此对上述行为均应予以纠正。对于酒店、宾馆等经营单位来说,拒绝接待湖北籍人员,相当于"设定不公平、不合理的交易条件",同时违反了《消费者权益保护法》,消费者如遇此等情况可以依法维权。

四、基础性强制法律保障

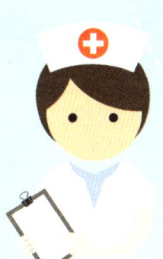

083 防控新冠肺炎疫情期间依法可以采取的行政强制措施有哪些？

《行政强制法》第三条规定："行政强制的设定和实施，适用本法。

发生或者即将发生自然灾害、事故灾害、公共卫生事件或者社会安全事件等突发事件，行政机关采取应急措施或者临时措施，依照有关法律、行政法规的规定执行。"

《行政强制法》中并未具体规定如何采取行政强制措施，而是规定在发生或者即将发生公共卫生事件时，行政机关采取应急措施或者临时措施，依照"有关法律、行政法规"的规定执行。

突发公共卫生事件时适用的"有关法律、行政法规"包括：《传染病防治法》《突发事件应对法》《国境卫生检疫法》《突发公共卫生事件应急条例》《传染病防治法实施办法》以及国务院发布的属于规范性文件的《国家突发公共卫生事件应急预案》。

《行政强制法》既是常态法，又是综合法；《传染病防治法》《突发事件应对法》既是应急法，又是专业

四、基础性强制法律保障

法。二者的适用关系是：应急法有特别规定的，首先适用应急法；应急法没有特别规定的，适用常态法。专业法有特别规定的，首先适用专业法；专业法没有特别规定的，适用综合法。

因此，应对新型冠状病毒肺炎疫情时，行政机关可以采取行政强制措施。但应当严格依法，并按照法定程序，采取适当的应急措施，符合比例原则。

084 防控新冠肺炎疫情期间武汉及湖北各地等"封城"是否有法律依据？

《行政强制法》第二条规定，"本法所称行政强制，包括行政强制措施和行政强制执行。

行政强制措施，是指行政机关在行政管理过程中，为制止违法行为、防止证据损毁、避免危害发生、控制危险扩大等情形，依法对公民的人身自由实施暂时性限制，或者对公民、法人或者其他组织的财物实施暂时性控制的行为。"

从上述法律规定看，"封城"的法律性质，应当属于行政强制措施中对公民的人身自由实施的暂时性限制，具有相应的法律依据，有利于防止疫情扩散，保障公民人身安全、财产安全。社会公众对于此种措施应当尽量理解、支持并配合。

管制交通道路、限制人员流动，虽然会给公民的生活带来很大不便，但这也是防控疫情必需的手段。这些措施，从医学角度出发，都是为了控制传染源，防止疫情进一步扩散。各地在采取相应措施时，应当根据当地疫情发生的情况决定采取适度且必要的防控措施。

085 防控新冠肺炎疫情期间对不执行防控命令的行为人依法可以给予哪些行政处罚？

《治安管理处罚法》第五十条规定，"有下列行为之一的，处警告或者二百元以下罚款；情节严重的，处五日以上十日以下拘留，可以并处五百元以下罚款：

（一）拒不执行人民政府在紧急状态情况下依法发布的决定、命令的；

（二）阻碍国家机关工作人员依法执行职务的；

（三）阻碍执行紧急任务的消防车、救护车、工程

四、基础性强制法律保障

抢险车、警车等车辆通行的；

（四）强行冲闯公安机关设置的警戒带、警戒区的。

阻碍人民警察依法执行职务的，从重处罚。"

最高人民法院、最高人民检察院、公安部、司法部印发的《关于依法惩治妨害新型冠状病毒感染肺炎疫情防控违法犯罪的意见》规定：

"（一）依法严惩抗拒疫情防控措施犯罪。故意传播新型冠状病毒感染肺炎病原体，具有下列情形之一，危害公共安全的，依照刑法第一百一十四条、第一百一十五条第一款的规定，以以危险方法危害公共安全罪定罪处罚：

……

其他拒绝执行卫生防疫机构依照传染病防治法提出的防控措施，引起新型冠状病毒传播或者有传播严重危险的，依照刑法第三百三十条的规定，以妨害传染病防治罪定罪处罚。

……

（十）依法严惩妨害疫情防控的违法行为。实施上述（一）至（九）规定的行为（妨害疫情防控的各类违法犯罪），不构成犯罪的，由公安机关根据《治安管理处罚法》有关……拒不执行紧急状态下的决定、命令……规定，予以治安管理处罚，或者由有关部门予以其他行政处罚。

> 对于在疫情防控期间实施有关违法犯罪的,要作为从重情节予以考量,依法体现从严的政策要求,有力惩治震慑违法犯罪,维护法律权威,维护社会秩序,维护人民群众生命安全和身体健康。"

新型冠状病毒肺炎疫情防控期间,为切实保障居民身体健康和生命安全,公安机关一定要坚持依法严打方针,对各类违法犯罪及拒不执行政府及相关部门在疫情防控紧急状态下发布的各类命令、决定的行为,坚决予以打击。广大市民应当严格按照要求,积极配合相关部门开展防疫工作,切实增强自身防控意识。

为确保城市公共安全,上海市规定每一位乘坐轨道交通的乘客必须佩带口罩,配合工作人员开展体温检测。2020年2月7日,陆某未佩戴口罩进入上海市轨道交通4号线临平路站,被拦下后非但不听从安检队员和车站工作人员劝阻,还动手推搡安检队员。民警到场后,该男子仍欲强行冲闯进站。民警将其控制,并带至车站隔离区域。轨交警方依据《治安管理处罚法》第二十三条相关规定对陆某处以行政拘留的处罚。

四、基础性强制法律保障

086 防控新冠肺炎疫情期间对哄抬价格，捏造、散布涨价信息等违法行为应当予以哪些处罚？

根据《价格法》第十四条规定，"经营者不得有下列不正当价格行为：……（三）捏造、散布涨价信息，哄抬价格，推动商品价格过高上涨的……"

《价格违法行为行政处罚规定》第六条规定，"经营者违反《中华人民共和国价格法》第十四条的规定，有下列推动商品价格过快、过高上涨行为之一的，责令改正，没收违法所得，并处违法所得5倍以下的罚款；没有违法所得的，处5万元以上50万元以下的罚款，情节较重的处50万元以上300万元以下的罚款；情节严重的，责令停业整顿，或者由工商行政管理机关吊销营业执照：

（一）捏造、散布涨价信息，扰乱市场价格秩序的；

（二）除生产自用外，超出正常的存储数量或者存储周期，大量囤积市场供应紧张、价格发生异常波动的商品，经价格主管部门告诫仍继续囤积的；

（三）利用其他手段哄抬价格，推动商品价格过快、过高上涨的。"

《突发公共卫生事件应急条例》第五十二条规定，

> "在突发事件发生期间，散布谣言、哄抬物价、欺骗消费者，扰乱社会秩序、市场秩序的，由公安机关或者工商行政管理部门依法给予行政处罚；构成犯罪的，依法追究刑事责任。"

2020年1月25日发布的国家市场监管总局发布的《关于坚决维护防疫用品市场价格秩序的公告》（2020年第3号）规定，"广大经营者要切实履行社会责任，严格依法经营，合法合理行使自主定价权，严格执行政府依法制定的价格干预措施和紧急措施，做到明码标价、诚信经营。"2020年1月26日，天津某药店以128元/袋的价格销售口罩。经查明，该商品进价仅为12元/袋，明显超出正常利润范围销售商品。同时，该店还有其他两款口罩存在哄抬价格的违法行为。市场监管局检查人员现场要求该企业停止营业、配合调查。根据违法事实和相关法律法规，已经向该单位送达行政处罚听证告知书，拟给予该单位300万元的行政处罚。

四、基础性强制法律保障

防控新冠肺炎疫情期间对制造谣言、意图混淆视听、制造恐慌的行为依法可以给予哪些治安管理处罚？

《治安管理处罚法》第二十五条规定，"有下列行为之一的，处五日以上十日以下拘留，可以并处五百元以下罚款；情节较轻的，处五日以下拘留或者五百元以下罚款：

（一）散布谣言，谎报险情、疫情、警情或者以其他方法故意扰乱公共秩序的；

……"

最高人民法院、最高人民检察院、公安部、司法部印发的《关于依法惩治妨害新型冠状病毒感染肺炎疫情防控违法犯罪的意见》规定："……（六）依法严惩造谣传谣犯罪。编造虚假的疫情信息，在信息网络或者其他媒体上传播，或者明知是虚假疫情信息，故意在信息网络或者其他媒体上传播，严重扰乱社会秩序的，依照刑法第二百九十一条之一第二款的规定，以编造、故意传播虚假信息罪定罪处罚。

……

（十）依法严惩妨害疫情防控的违法行为。实施上述（一）至（九）规定的行为（妨害疫情防控的各类

违法犯罪），不构成犯罪的，由公安机关根据《治安管理处罚法》有关**虚构事实扰乱公共秩序**……等规定，予以治安管理处罚，或者由有关部门予以其他行政处罚。

对于在疫情防控期间实施有关违法犯罪的，要作**为从重情节予以考量**，依法体现从严的政策要求，有力惩治震慑违法犯罪，维护法律权威，维护社会秩序，维护人民群众生命安全和身体健康。"

居民不要以为自己主观上只是为了开玩笑、好玩、恶搞，并不存在恶意，就可以免除法律责任，也不得随意散布他人隐私及实施其他违法犯罪行为。对于侵犯公民个人信息等违法犯罪行为，公安机关将依法予以严处，处**五日以上十日以下拘留，可以并处五百元以下罚款**；**情节较轻的，处五日以下拘留或者五百元以下罚款**；构成刑事犯罪的，依法追究刑事责任。公职人员涉嫌违法犯罪的，同时受到党政纪处分。

四、基础性强制法律保障

根据《国家安全法》《网络安全法》《互联网信息服务管理办法》等法律法规制定的、即将于2020年3月1日起施行的《网络信息内容生态治理规定》(简称《治理规定》)第十八条规定,"网络信息内容服务使用者应当文明健康使用网络,按照法律法规的要求和用户协议约定,切实履行相应义务,在以发帖、回复、留言、弹幕等形式参与网络活动时,文明互动,理性表达,不得发布本规定第六条规定的信息,防范和抵制本规定第七条规定的信息。"

《治理规定》第六条规定,"网络信息内容生产者不得制作、复制、发布含有下列内容的违法信息:

(一)反对宪法所确定的基本原则的;

(二)危害国家安全,泄露国家秘密,颠覆国家政权,破坏国家统一的;

(三)损害国家荣誉和利益的;

(四)歪曲、丑化、亵渎、否定英雄烈士事迹和精神,以侮辱、诽谤或者其他方式侵害英雄烈士的姓名、肖像、名誉、荣誉的;

(五)宣扬恐怖主义、极端主义或者煽动实施恐怖活动、极端主义活动的;

(六)煽动民族仇恨、民族歧视,破坏民族团结的;

(七）破坏国家宗教政策，宣扬邪教和封建迷信的；

（八）散布谣言，扰乱经济秩序和社会秩序的；

（九）散布淫秽、色情、赌博、暴力、凶杀、恐怖或者教唆犯罪的；

（十）侮辱或者诽谤他人，侵害他人名誉、隐私和其他合法权益的；

（十一）法律、行政法规禁止的其他内容。"

第七条规定，"网络信息内容生产者应当采取措施，防范和抵制制作、复制、发布含有下列内容的不良信息：

（一）使用夸张标题，内容与标题严重不符的；

（二）炒作绯闻、丑闻、劣迹等的；

（三）不当评述自然灾害、重大事故等灾难的；

（四）带有性暗示、性挑逗等易使人产生性联想的；

（五）展现血腥、惊悚、残忍等致人身心不适的；

（六）煽动人群歧视、地域歧视等的；

（七）宣扬低俗、庸俗、媚俗内容的；

（八）可能引发未成年人模仿不安全行为和违反社会公德行为、诱导未成年人不良嗜好等的；

（九）其他对网络生态造成不良影响的内容。"

四、基础性强制法律保障

互联网不是法外之地，在网络上的行为一定要遵守法律法规，切实做到知法、守法、畏法，共同营造和谐清朗的网络环境。

2020年1月31日，河南省商丘市虞城县营盘辖区网民雷某故意捏造虚假信息散布谣言，称营盘辖区"土地庙村确诊一例新型冠状病毒！大家尽量别去韩楼买东西啦！""昨天已经确诊！从武汉过来的人。"该行为造成恶劣社会影响。虞城县公安局营盘派出所将雷某抓获，其对故意捏造虚假信息、散布谣言一事供认不讳。雷某因涉嫌虚构事实，扰乱社会秩序，被公安机关依法行政拘留10天。

088 防控新冠肺炎疫情期间对侵犯公民个人隐私的行为依法可以给予哪些治安管理处罚？

《治安管理处罚法》第四十二条第六项规定，"有下列行为之一的，处五日以下拘留或者五百元以下罚款；情节较重的，处五日以上十日以下拘留，可以并处五百元以下罚款：

……

（六）偷窥、偷拍、窃听、散布他人隐私的。"

《民法总则》第一百一十一条规定，"自然人的个人信息受法律保护。任何组织和个人需要获取他人个人信息的，应当依法取得并确保信息安全，不得非法收集、使用、加工、传输他人个人信息，不得非法买卖、提供或者公开他人个人信息。"

《侵权责任法》第六条规定，"行为人因过错侵害他人民事权益，应当承担侵权责任。"

2020年2月4日，中央网络安全和信息化委员会办公室发布的《关于做好个人信息保护利用大数据支撑联防联控工作的通知》指出，各地方各部门应当高度重视个人信息保护工作，除国务院卫生健康部门依据《网络安全法》《传染病防治法》《突发公共卫生事件应急条例》授权的机构外，其他任何单位和个人不得以疫情防控、疾病防治为由，未经被收集者同意收集使用个人信息。法律、行政法规另有规定的，按其规定执行。

因此公民个人隐私受法律保护，泄露公民个人隐私，情节较重的，公安机关将依据《治安管理处罚法》之规定，予以治安拘留；触犯《刑法》的，将依法追究刑事责任。

四、基础性强制法律保障

2020年1月23日起,浙江省舟山市本地微信群在传一份关于涉湖北籍人员的资料。定海区公安分局发现后,立即开展调查并查明:系定海某社区一工作人员于1月23日将内部资料通过微信发给其丈夫张某,张某又将该资料发至其单位微信群,继而引发网络传播,造成恶劣的社会影响。张某因侵犯隐私,被定海区分局依法处行政拘留7日的处罚;对其他人员违规情况,移交纪检部门进行处理。

089 防控新冠肺炎疫情期间对寻衅滋事行为依法可以给予哪些治安管理处罚?

《治安管理处罚法》第二十六条规定,"有下列行为之一的,处五日以上十日以下拘留,可以并处五百元以下罚款;情节较重的,处十日以上十五日以下拘留,可以并处一千元以下罚款:

(一)结伙斗殴的;

(二)追逐、拦截他人的;

(三)强拿硬要或者任意损毁、占用公私财物的;

(四)其他寻衅滋事行为。"

最高人民法院、最高人民检察院、公安部、司法部印发的《关于依法惩治妨害新型冠状病毒感染肺炎疫情防控违法犯罪的意见》规定,"……(十)依法严惩妨害疫情防控的违法行为。实施上述(一)至(九)规定的行为(妨害疫情防控的各类违法犯罪),不构成犯罪的,由公安机关根据治安管理处罚法有关……扰乱单位秩序、公共场所秩序、寻衅滋事……等规定,予以治安管理处罚,或者由有关部门予以其他行政处罚。

对于在疫情防控期间实施有关违法犯罪的,要作为从重情节予以考量,依法体现从严的政策要求,有力惩治震慑违法犯罪,维护法律权威,维护社会秩序,维护人民群众生命安全和身体健康。"

新型冠状病毒肺炎疫情期间,各级政府、公安、卫生、医疗、交通等部门工作人员均挺身而出、共克时艰,不分昼夜地守护着人民群众的身体健康和生命安全。

广大市民应当主动配合工作人员开展疫情防控工作,自觉遵守疫情防控要求。对扰乱社会秩序、干扰疫情防控、妨害公务等违法犯罪行为,公安机关将依

四、基础性强制法律保障

法从严从重从快打击。有寻衅滋事行为的，将处五日以上十日以下拘留，可以并处五百元以下罚款；情节较重的，处十日以上十五日以下拘留，可以并处一千元以下罚款，对于在疫情防控期间实施有关违法犯罪的，要作为从重情节予以考量。

不法行为人在接受医护人员诊治、服务中，对医护人员"追打"或"猛咳"或"吐唾沫"或"撕扯防护服"以发泄内心不满，属于"起哄闹事"。其行为导致医护人员不能工作，还影响其他就医者接受诊治，破坏了医院正常的诊疗秩序。因此，这些人的行为涉嫌违反《治安管理处罚法》，应受到处罚。情节严重的，构成犯罪。

2020年1月31日，济南市济阳区某村村民孙某酒后在村东头路口的疫情防控执勤点闹事，造成群众聚集围观，情节恶劣、影响极坏，严重扰乱了新型冠状病毒感染的肺炎疫情检疫工作的正常进行。民警迅速出警、调查取证，孙某对自己的违法行为供认不讳。为严厉打击扰乱防疫秩序的违法行为，确保防疫工作有序开展，根据《治安管理处罚法》的规定，在事实清楚、证据确凿充分的基础上，区公安分局对寻衅滋事的违法行为人孙某处以行政拘留5日的处罚。

090 防控新冠肺炎疫情期间严厉打击刑事犯罪可能适用的法律性文件有哪些？

规范刑事案件的法律性文件主要有《刑法》，《最高人民法院、最高人民检察院关于办理妨害预防、控制突发传染病疫情等灾害的刑事案件具体应用法律若干问题的解释》（法释〔2003〕8号），国家卫生健康委、最高人民法院、最高人民检察院和公安部联合印发的《关于做好新型冠状病毒肺炎疫情防控期间保障医务人员安全维护良好医疗秩序的通知》（国卫医函〔2020〕43号），最高人民法院、最高人民检察院、公安部、司法部印发的《关于依法惩治妨害新型冠状病毒感染肺炎疫情防控违法犯罪的意见》，最高人民检察院发布的《关于认真贯彻落实中央疫情防控部署坚决做好检察机关疫情防控工作的通知》和《关于在防控新型冠状病毒肺炎期间刑事案件办理有关问题的指导意见》。此外，还包括地方人大法规性决定，如《上海市人民代表大会常务委员会关于全力做好当前新型冠状病毒感染肺炎疫情防控工作的决定》《北京市人民代表大会常务委员会关于依法防控新型冠状病毒感染肺炎疫情坚决打赢疫情防控阻击战的决定》《江苏省人民代表大会常务委员会关于依法防控新型冠状病毒感染肺炎疫情切实保障人民群众生命健康安全的决定》以

四、基础性强制法律保障

及《广东省人民代表大会常务委员会关于依法防控新型冠状病毒肺炎疫情切实保障人民群众生命健康安全的决定》。

国家卫健委等四部委印发《关于做好新型冠状病毒肺炎疫情防控期间保障医务人员安全维护良好医疗秩序的通知》，要求在新型冠状病毒肺炎疫情防控期间，各相关部门要进一步强化大局意识、责任意识，健全完善协调配合工作机制。

最高人民法院、最高人民检察院、公安部、司法部印发《关于在防控新型冠状病毒肺炎期间刑事案件办理有关问题的指导意见》，要求贯彻落实2020年2月5日中央全面依法治国委员会第三次会议审议通过的《中央全面依法治国委员会关于依法防控新型冠状病毒感染肺炎疫情、切实保障人民群众生命健康安全的意见》，依法惩治妨害新型冠状病毒感染肺炎疫情防控违法犯罪行为，保障人民群众生命安全和身体健康，保障社会安定有序，保障疫情防控工作顺利开展。

《上海市人民代表大会常务委员会关于全力做好当前新型冠状病毒感染肺炎疫情防控工作的决定》作为上海市人大应对严峻形势、聚焦本市打赢疫情防控总体战出台的第一项决定，对支持、引导、监督社会各方在法治的轨道上抓好疫情防控工作，具有重要的现实意义。

疫情防控期间，全国上下都应当积极投入到抗疫战斗中，真正做到"全国一盘棋"，确保疫情防控工作有序高效开展，始终坚持法治思维。疫情防控越是到关键期，越要坚持依法防控、依法治理。

091 防控新冠肺炎疫情期间不法行为人可能触犯《刑法》的罪名有哪些？

《刑法》《最高人民法院、最高人民检察院关于办理妨害预防、控制突发传染病疫情等灾害的刑事案件具体应用法律若干问题的解释》《关于依法惩治妨害新型冠状病毒感染肺炎疫情防控违法犯罪的意见》规定，在新型冠状病毒疫情防控期间，依法惩治的犯罪行为涉及九类犯罪，涉嫌28个罪名：

（一）依法严惩抗拒疫情防控措施犯罪。包括：以危险方法危害公共安全罪；妨害传染病防治罪；妨害公务罪。

（二）依法严惩暴力伤医犯罪。包括：故意伤害罪；寻衅滋事罪；侮辱罪；非法拘禁罪。

（三）依法严惩制假售假犯罪。包括：生产、销售伪劣产品罪；生产、销售假药罪；生产、销售劣药罪；

四、基础性强制法律保障

生产、销售不符合标准的医用器材罪。

（四）依法严惩哄抬物价犯罪。包括：非法经营罪。

（五）依法严惩诈骗、聚众哄抢犯罪。包括：诈骗罪；虚假广告罪；聚众哄抢罪。

（六）依法严惩造谣传谣犯罪。包括：编造、故意传播虚假信息罪；煽动分裂国家罪；煽动颠覆国家政权罪；拒不履行信息网络安全管理义务罪。

（七）依法严惩疫情防控失职渎职、贪污挪用犯罪。包括：滥用职权罪；玩忽职守罪；传染病防治失职罪；传染病毒种扩散罪；挪用特定款物罪。

（八）依法严惩破坏交通设施犯罪。包括破坏交通设施罪。

（九）依法严惩破坏野生动物资源犯罪。包括：非法猎捕、杀害珍贵、濒危野生动物罪；非法收购、运输、出售珍贵、濒危野生动物、珍贵、濒危野生动物制品罪；非法狩猎罪；非法经营罪；非法收购珍贵、濒危野生动物、珍贵、濒危野生动物制品罪；掩饰、隐瞒犯罪所得罪。

2020年2月11日，最高人民检察院发布首批十个妨害新冠肺炎疫情防控犯罪典型案例。

092 防控新冠肺炎疫情期间不法行为人的哪些犯罪行为要严惩？

根据《刑法》和《最高人民法院、最高人民检察院、公安部、司法部关于依法惩治妨害新型冠状病毒感染肺炎疫情防控违法犯罪的意见》的相关规定，疫情防控期间，不法行为人具有下列犯罪行为的要严惩。

（一）依法严惩抗拒疫情防控措施犯罪。故意传播新型冠状病毒感染肺炎病原体，具有下列情形之一，危害公共安全的……以以危险方法危害公共安全罪定罪处罚：

……

其他拒绝执行卫生防疫机构依照传染病防治法提出的防控措施，引起新型冠状病毒传播或者有传播严重危险的……以妨害传染病防治罪定罪处罚。

以暴力、威胁方法阻碍国家机关工作人员……依法履行为防控疫情而采取的防疫、检疫、强制隔离、隔离治疗等措施的……以妨害公务罪定罪处罚。暴力袭击正在依法执行职务的人民警察的，以妨害公务罪定罪，从重处罚。

（二）依法严惩暴力伤医犯罪。在疫情防控期间，故意伤害医务人员造成轻伤以上的严重后果，或者对医务人员实施撕扯防护装备、吐口水等行为，致使医

四、基础性强制法律保障

务人员感染新型冠状病毒的……以故意伤害罪定罪处罚。

随意殴打医务人员，情节恶劣的，依照刑法第二百九十三条的规定，以寻衅滋事罪定罪处罚。

采取暴力或者其他方法公然侮辱、恐吓医务人员，符合刑法第二百四十六条、第二百九十三条规定的，以侮辱罪或者寻衅滋事罪定罪处罚。

以不准离开工作场所等方式非法限制医务人员人身自由，符合刑法第二百三十八条规定的，以非法拘禁罪定罪处罚。

（三）依法严惩制假售假犯罪。在疫情防控期间，生产、销售伪劣的防治、防护产品、物资，或者生产、销售用于防治新型冠状病毒感染肺炎的假药、劣药……以生产、销售伪劣产品罪，生产、销售假药罪或者生产、销售劣药罪定罪处罚。

在疫情防控期间，生产不符合保障人体健康的国家标准、行业标准的医用口罩、护目镜、防护服等医用器材，或者销售明知是不符合标准的医用器材，足以严重危害人体健康的……以生产、销售不符合标准的医用器材罪定罪处罚。

（四）依法严惩哄抬物价犯罪。在疫情防控期间，违反国家有关市场经营、价格管理等规定，囤积居奇，哄抬疫情防控急需的口罩、护目镜、防护服、消毒液等防护用品、药品或者其他涉及民生的物品价格，牟取暴利，违法所得数额较大或者有其他严重情节，严重扰乱市场秩序的……以非法经营罪定罪处罚。

（五）依法严惩诈骗、聚众哄抢犯罪。在疫情防控期间，假借研制、生产或者销售用于疫情防控的物品的名义骗取公私财物，或者捏造事实骗取公众捐赠款物，数额较大的……以诈骗罪定罪处罚。

在疫情防控期间，违反国家规定，假借疫情防控的名义，利用广告对所推销的商品或者服务作虚假宣传，致使多人上当受骗，违法所得数额较大或者有其他严重情节的……以虚假广告罪定罪处罚。

在疫情防控期间，聚众哄抢公私财物特别是疫情防控和保障物资，数额较大或者有其他严重情节的，对首要分子和积极参加者……以聚众哄抢罪定罪处罚。

（六）依法严惩造谣传谣犯罪。编造虚假的疫情信息，在信息网络或者其他媒体上传播，或者明知是虚假疫情信息，故意在信息网络或者其他媒体上传播，严重扰乱社会秩序的……以编造、故意传播虚假信息罪定罪处罚。

编造虚假信息，或者明知是编造的虚假信息，在信息网络上散布，或者组织、指使人员在信息网络上散布，起哄闹事，造成公共秩序严重混乱的……以寻衅滋事罪定罪处罚。

四、基础性强制法律保障

利用新型冠状病毒感染肺炎疫情，制造、传播谣言，煽动分裂国家、破坏国家统一，或者煽动颠覆国家政权、推翻社会主义制度的……以煽动分裂国家罪或者煽动颠覆国家政权罪定罪处罚。

网络服务提供者不履行法律、行政法规规定的信息网络安全管理义务，经监管部门责令采取改正措施而拒不改正，致使虚假疫情信息或者其他违法信息大量传播的……以拒不履行信息网络安全管理义务罪定罪处罚。

（七）依法严惩疫情防控失职渎职、贪污挪用犯罪。在疫情防控工作中，负有组织、协调、指挥、灾害调查、控制、医疗救治、信息传递、交通运输、物资保障等职责的国家机关工作人员，滥用职权或者玩忽职守，致使公共财产、国家和人民利益遭受重大损失的……以滥用职权罪或者玩忽职守罪定罪处罚。

卫生行政部门的工作人员严重不负责任，不履行或者不认真履行防治监管职责，导致新型冠状病毒感染肺炎传播或者流行，情节严重的……以传染病防治失职罪定罪处罚。

从事实验、保藏、携带、运输传染病菌种、毒种的人员，违反国务院卫生行政部门的有关规定，造成新型冠状病毒毒种扩散，后果严重的……以传染病毒种扩散罪定罪处罚。

国家工作人员，受委托管理国有财产的人员，公司、企业或者其他单位的人员，利用职务便利，侵吞、截留或者以其他手段非法占有用于防控新型冠状病毒感染肺炎的款物，或者挪用上述款物归个人使用……以**贪污罪、职务侵占罪、挪用公款罪、挪用资金罪**定罪处罚。挪用用于防控新型冠状病毒感染肺炎的救灾、优抚、救济等款物……对直接责任人员，以**挪用特定款物罪**定罪处罚。

（八）**依法严惩破坏交通设施犯罪**。在疫情防控期间，破坏轨道、桥梁、隧道、公路、机场、航道、灯塔、标志或者进行其他破坏活动，足以使火车、汽车、电车、船只、航空器发生倾覆、毁坏危险的……以**破坏交通设施罪**定罪处罚。

（九）**依法严惩破坏野生动物资源犯罪**。非法猎捕、杀害国家重点保护的珍贵、濒危野生动物的，或者非法收购、运输、出售国家重点保护的珍贵、濒危野生动物及其制品的……以**非法猎捕、杀害珍贵、濒危野生动物罪**或者**非法收购、运输、出售珍贵、濒危野生动物、珍贵、濒危野生动物制品罪**定罪处罚。

违反狩猎法规，在禁猎区、禁猎期或者使用禁用的工具、方法进行狩猎，破坏野生动物资源，情节严重的……以**非法狩猎罪**定罪处罚。

违反国家规定，非法经营非国家重点保护野生动

四、基础性强制法律保障

物及其制品（包括开办交易场所、进行网络销售、加工食品出售等），扰乱市场秩序，情节严重的……以非法经营罪定罪处罚。

知道或者应当知道是国家重点保护的珍贵、濒危野生动物及其制品，为食用或者其他目的而非法购买……以非法收购珍贵、濒危野生动物、珍贵、濒危野生动物制品罪定罪处罚。

知道或者应当知道是非法狩猎的野生动物而购买的……以掩饰、隐瞒犯罪所得罪定罪处罚。

093 故意传播新型冠状病毒病原体危害公共安全的不法行为人应当承担哪些刑事责任？

故意传播新型冠状病毒病原体、危害公共安全的，以"危险方法危害公共安全罪"论处，最高可判死刑。

《刑法》第一百一十四条规定，"放火、决水、爆炸以及投放毒害性、放射性、传染病病原体等物质或者以其他危险方法危害公共安全，尚未造成严重后果的，处三年以上十年以下有期徒刑。"

《刑法》第一百一十五条规定："放火、决水、爆炸以及投放毒害性、放射性、传染病病原体等物质或者以其他危险方法致人重伤、死亡或者使公私财产遭受重大损失的，处十年以上有期徒刑、无期徒刑或者死刑。"

最高人民法院、最高人民检察院、公安部、司法部印发的《关于依法惩治妨害新型冠状病毒感染肺炎疫情防控违法犯罪的意见》规定，"（一）依法严惩抗拒疫情防控措施犯罪。故意传播新型冠状病毒感染肺炎病原体……危害公共安全的，依照刑法第一百一十四条、第一百一十五条第一款的规定，以以危险方法危害公共安全罪定罪处罚……"

新型冠状病毒被纳入乙类传染病，并采取甲类传染病的预防、控制措施管理，说明其具有极强的感染性。在未经隔离的情况下，携带病原体进出公众场所，存在感染不特定多数人的高度危险，这种行为与投放传染病病原体行为存在相当的危险性，故属于《刑法》第一百一十四条规定的"其他危险方法"，按照（过失）以危险方法危害公共安全罪来处罚相关行为，具备相关法律依据。

四、基础性强制法律保障

如果<u>致人重伤、死亡或者使公私财产遭受重大损失的的</u>，根据《刑法》第一百一十五条规定，<u>处十年以上有期徒刑、无期徒刑或者死刑</u>。故而对该罪的处罚不可谓不严厉，犯罪的后果十分严重，公民应当引以为戒。

2020年1月23日，彭某某（长期居住在湖北省麻城市，确诊为新型冠状病毒感染的肺炎病例）驾驶湖北籍车辆去江西上饶过年，未按要求主动向该地社区工作人员报告、登记。1月29日，在其发现自己已发烧的前提下，仍对医生及社区疫情防护工作人员故意隐瞒湖北来饶的实情，并与多人密切接触，造成严重后果。根据《刑法》《传染病防治法》等国家有关法律法规，2月3日上饶市公安局信州分局对彭某某涉嫌以危险方法危害公共安全罪立案侦查。这是本次新型冠状病毒肺炎疫情发生以来，媒体报道的第一起相关刑事案件。

094 防控新冠肺炎疫情期间妨害公务的不法行为人应该承担哪些刑事责任？

《刑法》第二百七十七条规定，"<u>以暴力、威胁方</u>

法阻碍国家机关工作人员依法执行职务的，处三年以下有期徒刑、拘役、管制或者罚金。

以暴力、威胁方法阻碍全国人民代表大会和地方各级人民代表大会代表依法执行代表职务的，依照前款的规定处罚。

在自然灾害和突发事件中，以暴力、威胁方法阻碍红十字会工作人员依法履行职责的，依照第一款的规定处罚。

故意阻碍国家安全机关、公安机关依法执行国家安全工作任务，未使用暴力、威胁方法，造成严重后果的，依照第一款的规定处罚。

暴力袭击正在依法执行职务的人民警察的，依照第一款的规定从重处罚。"

最高人民法院、最高人民检察院、公安部、司法部印发的《关于依法惩治妨害新型冠状病毒感染肺炎疫情防控违法犯罪的意见》规定，"以暴力、威胁方法阻碍国家机关工作人员（含在依照法律、法规规定行使国家有关疫情防控行政管理职权的组织中从事公务的人员，在受国家机关委托代表国家机关行使疫情防控职权的组织中从事公务的人员，虽未列入国家机关人员编制但在国家机关中从事疫情防控公务的人员）依法履行为防控疫情而采取的防疫、检疫、强制隔离、

四、基础性强制法律保障

隔离治疗等措施的，依照刑法第二百七十七条第一款、第三款的规定，以妨害公务罪定罪处罚。暴力袭击正在依法执行职务的人民警察的，以妨害公务罪定罪，从重处罚。"

根据上述法律规定，新冠病毒疫情防控期间，以暴力、威胁方法阻碍国家机关相关工作人员依法履行为防治新型冠状病毒疫情而采取的防疫、检疫、强制隔离、治疗等预防、控制措施的，触犯了《刑法》第二百七十七条的规定，涉嫌犯"妨害公务罪"，最高可判处有期徒刑三年。

2020年2月2日上午，浙江省湖州市南浔区旧馆镇政府工作人员进行巡查时，发现一居家隔离观察户王某有私自外出行为。工作人员对其开展劝教工作，要求其遵守居家隔离的相关规定，但王某拒不配合。后南浔区公安分局旧馆派出所值班民警到场协助，王某仍不配合且以暴力方式阻碍民警执法，造成民警面部、颈部多处受伤。后犯罪嫌疑人王某因涉嫌妨害公务罪被湖州市公安局南浔区分局依法刑事拘留。

该案被最高人民检察院公布为首批十个妨害新冠肺炎疫情防控犯罪典型案例。

095 防控新冠肺炎疫情期间涉嫌诈骗罪应当承担哪些刑事责任？

《刑法》第二百六十六条规定，"诈骗公私财物，数额较大的，处三年以下有期徒刑、拘役或者管制，并处或者单处罚金；数额巨大或者有其他严重情节的，处三年以上十年以下有期徒刑，并处罚金；数额特别巨大或者有其他特别严重情节的，处十年以上有期徒刑或者无期徒刑，并处罚金或者没收财产。本法另有规定的，依照规定。"

最高人民法院、最高人民检察院、公安部、司法部印发的《关于依法惩治妨害新型冠状病毒感染肺炎疫情防控违法犯罪的意见》规定，"在防控新型冠状病毒疫情期间，假借研制、生产或者销售用于预防、控制新型冠状病毒疫情等灾害用品的名义，诈骗公私财物数额较大的，触犯了《刑法》第二百六十六条的规定，涉嫌犯'诈骗罪'，最高可判无期。"

在新型冠状病毒疫情防控期间，假借研制、生产或者销售用于预防、控制新型冠状病毒疫情等灾害用品的名义，诈骗公私财物数额较大的，触犯了《刑法》

四、基础性强制法律保障

第二百六十六条的规定，涉嫌犯"诈骗罪"，最高可判处无期徒刑。

诈骗犯罪，自古有之，长期以来都是《刑法》所严厉打击的对象。在新型冠状病毒肺炎疫情防控期间，也有不法之徒利用疫情，通过诈骗的手段谋取不义之财。截至2020年2月14日，全国公安机关共破获涉疫情诈骗案件3 600起，抓获犯罪嫌疑人1 373名，涉案金额6 691万元。

涉疫情诈骗案件主要有三种类型：一是不法分子谎称可以代购或者囤有医用口罩，当受害人付费购买后，不法分子找各种理由拒不发货或拉黑；二是不法分子冒充慈善或民政部门，向用户发送防控疫情"献爱心"的虚假信息，或搭建虚假官方网站，利用群众的同情心骗取捐款；三是冒充熟人实施诈骗，不法分子潜入QQ群、微信群，以防控新型冠状病毒为由，冒充群内成员骗取钱财。

2020年2月7日，浙江省宁波市鄞州区人民法院公开开庭审理并当庭宣判了一起利用疫情虚假出售口罩诈骗案。2月3日21岁的应某冒用和编造"鄞州二院女护士""鄞州二院仓库管理员"的身份骗取吴先生支付了口罩款后，便停止了联络，后者向公安机关报案。2月5日，鄞州公安分局抓获犯罪嫌疑人应某。7日，公诉机关提起公诉，鄞州法院当即采用速裁程序，依法公开开庭审理此案。根据查明的事实,法院经审理后认为,应某在预防、控制突发传染病疫情期间,假借销售用于预防突发传染病疫情用品的名义,诈骗他人财物,依法从重处罚。根据《刑法》第二百六十六条,最高人民法院、最高人民检察院《关于办理妨害预防、控制突发传染病疫情等灾害的刑事案件具体应用法律若干问题的解释》第七条之规定,依法判处被告人应某有期徒刑六个月,并处罚金人民币1000元。

这是浙江省首例宣判的利用疫情诈骗案,该案被最高人民检察院公布为首批妨害新冠肺炎疫情防控犯罪典型案例。

096 如何区别以危险方法危害公共安全罪与妨害传染病防治罪?

《刑法》第三百三十条规定,"违反《传染病防治法》的规定,有下列情形之一,引起甲类传染病传播或者有传播严重危险的,处三年以下有期徒刑或者拘役;后果特别严重的,处三年以上七年以下有期徒刑:
……

(四)拒绝执行卫生防疫机构依照传染病防治法提出的预防、控制措施的。

四、基础性强制法律保障

……

甲类传染病的范围，依照《传染病防治法》和国务院有关规定确定。"

最高人民法院、最高人民检察院、公安部、司法部印发的《关于依法惩治妨害新型冠状病毒感染肺炎疫情防控违法犯罪的意见》规定，"（一）依法严惩抗拒疫情防控措施犯罪。故意传播新型冠状病毒感染肺炎病原体，具有下列情形之一，危害公共安全的，依照刑法第一百一十四条、第一百一十五条第一款的规定，以危险方法危害公共安全罪定罪处罚：

……

其他拒绝执行卫生防疫机构依照传染病防治法提出的防控措施，引起新型冠状病毒传播或者有传播严重危险的，依照刑法第三百三十条的规定，以妨害传染病防治罪定罪处罚。"

居民拒绝执行卫生防疫机构依照《传染病防治法》提出的预防、控制措施，引起甲类传染病传播或者有传播严重危险的，构成妨害传染病防治罪，面临最高七年有期徒刑。

但如果违反《传染病防治法》而过失导致传染病

病原体传播的，则属于"过失投放病原体"，成立以危险方法危害公共安全罪。《刑法》对这两个罪名行为方式的规定存在重合，妨害传染病防治的行为完全有可能是（过失）以危险方法危害公共安全罪的手段行为。

与（过失）以危险方法危害公共安全罪相比，妨害传染病防治罪存在一个明显的特点，即该罪的证据要求更低一些。

妨害传染病防治罪只要行为人明知自己违反了相关预防、控制措施，客观上引起了甲类传染病传播或者有传播严重危险，即可构成妨害传染病防治罪。

成立以危险方法危害公共安全罪，要求行为人主观上存在犯罪故意，并产生"致人重伤、死亡或者使公私财产遭受重大损失"的危害结果。

2020年2月3日，四川省泸州市江阳区通滩镇确诊病例余某因涉嫌妨害传染病防治罪被立案侦查。经公安机关初步侦查，余某于2020年1月21日从襄阳市驾车返回江阳区通滩镇家中后，拒不执行泸州市江阳区新型冠状病毒感染的肺炎疫情防控指挥部关于"所有来自湖北等疫情重点地区、与湖北等疫情重点地区人员有接触史的，必须到村（社区）登记，积极配合检查检疫工作安排，并自觉居家隔离14天"的要求，欺骗调查走访人员，故意隐瞒其回家后的真实行程和活动，多次主动与周边人群密切接触。余某在被确诊和

四、基础性强制法律保障

收治隔离后,仍然刻意隐瞒部分密切接触人员信息,导致疾控部门无法及时开展预防控制措施。余某的行为违反《刑法》和省市区关于新型冠状病毒感染的肺炎疫情防控工作规定,严重干扰破坏疫情防控工作,涉嫌妨害传染病防治罪。

五、世界卫生组织的交流与合作

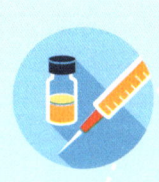

097 什么是世界卫生组织宣布的"国际关注的突发公共卫生事件（PHEIC）"？

2020年1月30日，世卫组织总干事谭德塞博士根据《国际卫生条例（2005）》召集的突发事件委员会会议，宣布本次新型冠状病毒感染的肺炎疫情构成"国际关注的突发公共卫生事件"（Public Health Emergency of International Concern，PHEIC）。"国际关注的突发公共卫生事件"规定于《国际卫生条例》，是世界卫生组织按特别程序确定的不寻常的公共卫生事件，意味着疾病的国际传播会对其他国家造成公共卫生风险，并可能需要采取协调一致的国际应对措施。我国是《国际卫生条例》的缔约国。

《国际卫生条例》第七条规定，"缔约国如果有证据表明在其领土内存在可能构成国际关注的突发公共卫生事件的意外或不寻常的公共卫生时间，不论其起源或来源如何，应向世界卫生组织提供所有相关的公共卫生信息。"根据《国际卫生条例》第十二条的规定，世界卫生组织总干事有责任确定某个事件是否构成"国际关注的突发公共卫生事件"。在作出决定前，

五、世界卫生组织的交流与合作

总干事可征求突发事件委员会的意见。根据突发事件委员会的意见，缔约国、科学专家提供的信息以及对人类健康风险、疾病国际传播风险和干扰国际旅行的风险的评估，总干事最终决定某事件是否构成"国际关注的突发公共卫生事件"。

根据《国际卫生条例》的有关规定，世界卫生组织总干事应在宣布国际关注的突发公共卫生事件（PHEIC）之后发布临时建议，此类临时建议可根据疫情的发展随时撤销及修改。《国际卫生条例》第十五条规定，"如果根据第十二条确定国际关注的突发公共卫生事件正在发生，总干事应该根据第四十九条规定的程序发布临时建议"，"临时建议可根据第四十九条规定的程序随时撤销，并应在公布三个月后自动失效。临时建议可修改或延续三个月"。根据世界卫生组织突发事件委员会的声明，世界卫生组织总干事将酌情决定在三个月后（或者更早）再次召开突发事件委员会会议。

此前，世界卫生组织曾宣布过5次国际关注的突发公共卫生事件，分别是2009年甲型H1N1流感疫情、2014年野生型脊髓灰质炎疫情、2014年西非埃博拉疫情、2016年巴西寨卡病毒疫情和2018—2020年刚果民主共和国埃博拉疫情。

世界卫生组织判定PHEIC的目的是确定疫情的风险级别，并警示各国加强防范和采取世卫组织推荐的防控措施，而并非将疫情发生国划定为"疫区"从而进行隔离，也并不代表要求对该国采取暂停航班等旅行和贸易限制手段。

2020年2月5日，世界卫生组织发布"战略准备和应对计划"，提出需要增加该计划的战略目标是：限制人传人，包括减少密切接触者和医护人员之间的二次感染，防止传播扩大事件，以及防止疫情在中国之外的进一步国际传播；早期识别、隔离和护理患者，包括为受感染患者提供最佳护理；确认和减少来自动物源的传播；解决有关临床严重程度、传播和感染程度、治疗方案等方面的关键未知因素，并加速诊断、治疗和疫苗的发展；向所有社区传达重大风险和事件信息，并打击虚假信息；通过多部门伙伴关系尽量减少社会和经济影响。

 098 新冠肺炎疫情被宣布为"PHEIC"可能会带来哪些法律风险？

 本次新型冠状病毒肺炎疫情被宣布为国际关注的

五、世界卫生组织的交流与合作

突发公共卫生事件，主要会对外贸企业、人员流动产生一定负面影响。虽然世界卫生组织不建议其他国家采取旅行和贸易限制手段防控病毒传播，但仍有许多国家对签证和往来航班等进行了限制，并采取了必要的隔离检疫工作，许多外贸企业仍可能处于无法正常运转的状态。尤其是当产品上下游供应链出现断裂时，许多外贸企业可能面临无法履约或延迟履约的情形，进而可能引发违约责任的承担或合同相对方解除合同等法律问题。国内春节假期受疫情影响已进行了延长，也有多地政府在国家统一延长的假期基础上发布了进一步延长假期和推迟复工的通知，企业相应的生产经营活动也会受到影响。此外，由于隔离检疫工作的开展，相应的运输、保管和仓储费用也会随之上升。

对于受到不利影响的外贸企业而言，如果经评估认为违约风险过大，可根据实际情况考虑向合同相对方提出协商，以自身遭受"不可抗力"为由主张免除或者减轻一定责任，具体情形需结合合同及所适用法律确定。此外，《联合国国际货物销售合同公约》第七十九条也规定了无法履行义务时可主张免责的情形。如无法在合同所适用的法律或《联合国国际货物销售合同公约》项下适用不可抗力条款的，仍有酌情参照《国际商事合同通则》项下的"艰难情势"规则与合同相对方进行协商处理的可能，即在继续履行合同将从根本上破坏合同平衡的情况下提出重新协商，以求变更或终止合同。协商不成的，可根据实际情况通过诉讼或仲裁方式主张。

099 世界卫生组织对新冠肺炎的命名"COVID-19"有何意义？为何与我国有关部门的暂命名不同？

2020年2月11日，世界卫生组织总干事谭德塞博士举行了例行新闻通报会，会上他宣布了由新型冠状病毒引发的疾病的正式名称：COVID-19（Corona Virus Disease 2019）。谭德塞博士强调："根据世界卫生组织、世界动物卫生组织和联合国粮食及农业组织商定的命名指南，我们必须找到既不涉及地理位置、动物、个人或人群，又容易发音，并且与该疾病相关的名称。妥善命名很重要，有助于防止使用其他可能不准确的或污名化的名称。它还为我们提供了今后任何冠状病毒疫情的标准命名格式。"

世界卫生组织发布的新型冠状病毒肺炎英文简称中的"COVI"代表"冠状病毒"，"D"代表"疾病"，"19"代表"2019年"，需要注意的是，它是新冠状病毒引发的疾病的名字，非新型冠状病毒的名字。与我

五、世界卫生组织的交流与合作

国有关部门的暂命名"Novel Coronavirus Pneumonia（NCP，新型冠状病毒肺炎）"采用的是两种不同的命名方式。目前，我国有关部门尚未表示是否会对暂命名进行调整。

100 世界卫生组织发布的涉及新冠肺炎疫情的建议是否具有法律上的强制力？

根据《国际卫生条例》，针对正在发生的"PHEIC"，世界卫生组织可以发布临时建议，也可以发布关于常规或定期采取适宜措施的长期建议。根据世界卫生组织突发事件委员会的声明，世界卫生组织此次发布的是临时建议。

《国际卫生条例》第四十三条第一款规定，"本条例不应妨碍缔约国应对特定公共卫生风险或国际关注的突发公共卫生事件，根据本国有关法律和国际法义务采取卫生措施。"但是，"这些措施对国际交通造成的限制以及对人员的创伤性或侵扰性不应超过能适度保护健康的其他合理的可行措施。"

《国际卫生条例》第四十三条还规定,"采取明显干扰国际交通的额外卫生措施(指拒绝国际旅行者、行李、货物、集装箱、交通工具、物品等入境或出境或延误入境或出境24小时以上)的缔约国有义务在采取措施后48小时内向世界卫生组织报告相关公共卫生依据和理由。世界卫生组织将审查这些理由,并可能要求有关国家重新考虑其措施。世界卫生组织必须与其他缔约国分享关于所收到的措施和理由的信息。"

世界卫生组织的声明并未授权国际社会对此次疫情的发生采取任何强制性的干预措施,尽管世界卫生组织不建议实施任何旅行或贸易限制,但其他国家如何应对此次疫情仍取决于其本国政府的决定,即世界卫生组织的建议并不具有法律上的强制力。

附录

防控新冠肺炎疫情所涉法律、法规总览

应对新型冠状病毒肺炎疫情防控，本书编写过程中所涉及的，也是单位和个人需要特别遵守的法律、法规、规章及规范性文件，主要如下。

1. 法律

《中华人民共和国宪法》（2020年6月1日实施）

《中华人民共和国基本医疗卫生与健康促进法》

《中华人民共和国传染病防治法》

《中华人民共和国国境卫生检疫法》

《中华人民共和国突发事件应对法》

《中华人民共和国野生动物保护法》

《中华人民共和国动物防疫法》

《中华人民共和国红十字会法》

《中华人民共和国公益事业捐赠法》

《中华人民共和国慈善法》

《中华人民共和国价格法》

《中华人民共和国网络安全法》

《中华人民共和国治安管理处罚法》
《中华人民共和国行政强制法》
《中华人民共和国刑法》
《中华人民共和国民法总则》
《中华人民共和国合同法》
《中华人民共和国侵权责任法》
《中华人民共和国证券法》
《中华人民共和国企业所得税法》
《中华人民共和国个人所得税法》
《中华人民共和国税收征收管理法》

2. 行政法规

《突发公共卫生事件应急条例》
《国家突发公共事件总体应急预案》
《国家突发公共卫生事件应急预案》
《国家突发公共事件医疗卫生救援应急预案》
《中华人民共和国国境卫生检疫法实施细则》
《中华人民共和国传染病防治法实施办法》
《中华人民共和国陆生野生动物保护实施条例》
《国内交通卫生检疫条例》
《价格违法行为行政处罚规定》
《中华人民共和国政府信息公开条例》

3. 部委规章及文件

《突发公共卫生事件与传染病疫情监测信息报告管理办法》

附录：防控新冠肺炎疫情所涉法律、法规总览

《关于加强预防控制传染病境外传入和通过交通工具传播的通知》

《工资支付暂行规定》

《上市公司信息披露管理办法》

《关于加强中央企业对外捐赠管理有关事项的通知》

《卫生计生单位接受公益事业捐赠管理办法（试行）》

《慈善组织公开募捐管理办法》

《关于进一步加强医疗机构感染预防与控制工作的通知》及《医疗机构感染预防与控制基本制度（试行）》

《网络信息内容生态治理规定》

《关于做好新型冠状病毒感染的肺炎疫情防控物资和人员应急运输优先保障工作的通知》

《关于妥善处理新型冠状病毒肺炎疫情防控期间劳动关系问题的通知》

《关于坚决维护防疫用品市场价格秩序的公告》

《关于动员慈善力量依法有序参与新型冠状病毒感染的肺炎疫情防控工作的公告》

《关于做好新型冠状病毒感染的肺炎疫情医疗污水和城镇污水监管工作的通知》

《新型冠状病毒感染的肺炎患者遗体处置工作指引（试行）》

《关于支持新型冠状病毒感染的肺炎疫情防控有关捐赠税收政策的公告》

《关于支持新型冠状病毒感染的肺炎疫情防控有关个人

所得税政策的公告》

《关于做好新型冠状病毒肺炎疫情防控期间保障医务人员安全维护良好医疗秩序的通知》

《关于做好个人信息保护利用大数据支撑联防联控工作的通知》

《关于国有金融企业积极做好疫情防控捐赠有关事项的通知》

4. 司法文件

《最高人民法院 最高人民检察院关于办理妨害预防、控制突发传染病疫情等灾害的刑事案件具体应用法律若干问题的解释》（已废止）

《最高人民检察院关于认真贯彻落实中央疫情防控部署坚决做好检察机关疫情防控工作的通知》

《最高人民检察院关于在防控新型冠状病毒肺炎期间刑事案件办理有关问题的指导意见》

《最高人民法院 最高人民检察院 公安部 司法部关于依法惩治妨害新型冠状病毒感染肺炎疫情防控违法犯罪的意见》

5. 地方主要规范性文件

《上海市实施〈中华人民共和国突发事件应对法〉办法》

《上海市人民代表大会常务委员会关于全力做好当前新型冠状病毒感染肺炎疫情防控工作的决定》

《北京市人民代表大会常务委员会关于依法防控新型冠状病毒感染肺炎疫情坚决打赢疫情防控阻击战的决定》

《江苏省人民代表大会常务委员会关于依法防控新型

冠状病毒感染肺炎疫情切实保障人民群众生命健康安全的决定》

《广东省人民代表大会常务委员会关于依法防控新型冠状病毒肺炎疫情切实保障人民群众生命健康安全的决定》

《天津市人民代表大会常务委员会关于禁止食用野生动物的决定》

6. 国际公约

《国际卫生条例》(2005)

后记

2020年初,面对突然暴发的新型冠状病毒肺炎疫情,党中央、国务院高度重视,中共中央总书记、国家主席、中央军委主席习近平多次主持召开重要会议,作出重要指示批示。

习近平总书记在2020年2月3日、5日、12日、14日分别主持召开中央政治局常委会、全面依法治国委员会第三次会议和中央全面深化改革委员会第十二次会议上强调,要加强法治建设;从立法、执法、司法、守法各环节发力,全面提高依法防控依法治理能力,为疫情防控提供有力法治保障;疫情防控正处于关键时期,依法科学有序防控至关重要。疫情防控越是到最吃劲的时候,越要坚持依法防控,在法治轨道上统筹推进各项防控工作,保障疫情防控工作顺利开展。为了落实习总书记的指示精神,编写了本书,旨在通过宣传依法科学有序防控,有助于各级政府和社会各界严格执行疫情防控和应急处置法律法规,依法审慎决策,依法实施防控措施;有助于疫情防控法治宣传和法律服务,引导广

后 记

大人民群众增强法治意识，强化疫情防控法律服务，化解疫情期间矛盾纠纷，支持和配合疫情防控工作。本书的出版有助于在法治轨道上统筹推进各项防控工作，保障疫情防控工作顺利开展，展示我国应对突发公共卫生事件的法律制度优势，总结疫情防控中暴露出来的问题，为进一步完善公共卫生法治体系贡献绵薄之力。

本书的出版得到中国法学会银行法研究会副会长、上海市法学会金融法研究会会长、华东政法大学经济法学院前院长吴弘教授的大力支持，得到中国法学会卫生法学研究会副会长、湖北省法学会卫生法学研究会会长万红慧教授的大力支持，得到中国法学会证券法学研究会副会长兼秘书长、中央财经大学法学院邢会强教授大力支持，得到湖北省法学会金融法学研究会会长、湖北省法学会卫生法学研究会副会长余华教授的大力支持，得到上海市法学会金融法研究会副会长、上海社科院法学所张国炎教授的大力支持，得到上海市律师协会社会责任委员会副主任、上海瑾之润申达律师事务所许海霞主任的大力支持，得到远闻（上海）律师事务所高级合伙人刘芳校友大力支持，得到上海市法学会金融法研究会李慧俊秘书长大力支持，在此表示感谢。

本书由同济大学出版社组织策划，同济大学文科办主任陈强教授、法学院吴为民书记和校内其他专家给予宝贵的建议和大力支持，还得到了同济大学研究生院教研项目的支持，在此一并表示感谢。由于编写时间仓促，编写过程中难

新型冠状病毒肺炎防控法律行动手册

免存在不足和差错,请读者批评指正,使本书在新型冠状病毒肺炎防控战疫实践中,不断得以完善,为疫情防控做出一份贡献。

主编刘春彦

2020年2月19日